Dá trabalho ser feliz,
mas vale a pena

Para meus filhos Clarisse e André.

FLÁVIO FRANKLIN

Dá trabalho ser feliz, mas vale a pena

Aceite sua natureza e aprenda a desenvolver suas virtudes

SEXTANTE

Copyright © 2007 por Flávio Luís Franklin de Azevedo
Todos os direitos reservados.

PREPARO DE ORIGINAIS: Rachel Agavino
REVISÃO: José Tedin Pinto e Sérgio Bellinello Soares
PROJETO GRÁFICO E DIAGRAMAÇÃO: Marcia Raed
CAPA E ILUSTRAÇÃO DA CAPA: Silvana Mattievich
PRÉ-IMPRESSÃO: ô de casa
IMPRESSÃO E ACABAMENTO: Geográfica e Editora Ltda.

CIP-BRASIL. CATALOGAÇÃO-NA-FONTE
SINDICATO NACIONAL DOS EDITORES DE LIVROS, RJ

A987d

Azevedo, Flávio Luis Franklin de
Dá trabalho ser feliz, mas vale a pena/ Flávio Luis Franklin de Azevedo. – Rio de Janeiro: Sextante, 2007.

Inclui bibliografia
ISBN 978-85-7542-342-4

1. Comportamento humano. 2. Relações humanas. 3. Felicidade. I. Título.

07-3909

CDD: 158.1
CDU: 159.947

Todos os direitos reservados, no Brasil, por
GMT Editores Ltda.
Rua Voluntários da Pátria, 45 – Gr. 1.404 – Botafogo
22270-000 – Rio de Janeiro – RJ
Tel.: (21) 2286-9944 – Fax: (21) 2286-9244
E-mail: atendimento@esextante.com.br
www.sextante.com.br

Sumário

Entusiasmei-me! 7

PARTE I: NATUREZA
Nossa natureza 14
Instinto e razão 21
Dieta 25
A força dos hábitos 29
Aprendendo a queimar gordura 36
Dinheiro 40

PARTE II: AS LEIS DO AMOR E DO DESEJO
A construção do amor 52
Estratégias reprodutivas 55
Os atrativos de ambos os sexos 59
Os atrativos do homem 64
Os atrativos da mulher 68
As relações 77
Na prática, como fazer? 94

PARTE III: FELICIDADE
É bom ser bom 122
Dá trabalho ser feliz 126
Identificando virtudes 131
Exercitando virtudes 162
Três palavras para o amor 166

Gostei de você 169

Agradecimentos 175
Bibliografia 176

Depoimentos

O amor dele acabou, 15
Spa, 17
Quase uma tragédia, 23
Um pouco excêntrico, 32
Vida de cão, 33
Um dia eu chego lá, 44
Opção de vida, 45
O sonho distante, 47
Laços de família, 56
Sexo sem investimento, 74
O fogo das paixões, 84
Dupla infidelidade, 85
Don Juan sem espada, 87
Amante antigo, 91
Confesso que amei, 95
Meu método antiestresse, 98

Tentação, 100
Vida real, 103
Pelo telefone, 113
Pobre e feliz, 127
Rica e infeliz, 129
Hoje pratiquei o bem, 136
Escola rural, 138
Um professor, 141
Minha patroa, 147
Avós festeiros, 148
Minha patroa – 2.ª Parte, 150
Procurando um novo amor, 155
Por amor, 158
O brigadeiro, 163
Gata borralheira, 171

Entusiasmei-me!

Nasci em casa, num vilarejo encravado no sertão. Apenas uma rua sem calçamento, com casas de madeira pobres mas bem cuidadas. Não havia água encanada e a eletricidade do povoado era gerada por um velho motor diesel de caminhão que, quando funcionava, permitia algumas horas de luz por noite. As lâmpadas acendiam avermelhadas, incapazes de clarear um livro para a leitura, mas suficientes para remediar a escuridão.

Na noite em que minha mãe entrou em trabalho de parto não houve luz elétrica. O único automóvel do vilarejo foi buscar o médico na cidade mais próxima, mas a precariedade das estradas da região o impediu de retornar a tempo. Cheguei ao mundo pelas mãos de uma parteira, iluminado por lamparinas a querosene.

Cresci em outra cidadezinha, apenas um pouco maior. Minha infância foi simples, com roupas costuradas por minha mãe e um único par de sapatos usado diariamente para ir à escola e, aos domingos, à missa. Brincava descalço, de chinelo ou de Sete Vidas (uma alpargata da época). A comida caseira era farta e saudável: verduras frescas de uma horta vizinha, carne e ovos de galinhas criadas no quintal, pão, macarrão e coalhada feitos em casa.

Aos 10 anos de idade, eu e um amigo nunca tínhamos visto uma piscina, mas assistíamos ao Tarzan nadando no seriado da televisão. Não parecia difícil. Resolvemos aprender a nadar sozinhos, escondidos de nossos pais, em uma lagoa rasa perdida no meio de um matagal. Lá, dia após dia, sem qualquer orientação, tentamos, tentamos, até conseguir.

Meu primeiro mergulho no rio aonde iam os poucos moleques que sabiam nadar foi inesquecível. O local era totalmente estranho para mim. Eu sabia de sua existência, mas nunca estivera lá. Cheguei à beira de um barranco alto e fiquei olhando para a superfície escura da água. Era impossível enxergar através dela. Vendo uma cara nova, dois ou três meninos, mantendo a cabeça completamente fora da água, gritaram: "Pule, dá pé, não está vendo?" Confiando neles, saltei em pé, de olhos fechados. Afundei como uma flecha. Meus pés não encontravam o fundo. Apavorado, abri os olhos. Não enxergava nada além do marrom opaco da água chuviscado pelas borbulhas que passavam próximas ao meu rosto. De repente, notei que o sentido do movimento se invertera e que a água me empurrava para a superfície. Emergi à luz do dia e, afobado, nadei para a margem. Chegando lá, o medo deu lugar à excitação: eu sabia nadar!

Sempre estudei em escolas públicas. Faltando seis meses para o vestibular, minha turma do colégio começou a freqüentar um cursinho particular em Campinas, a cidade grande mais próxima. Todos os dias íamos e voltávamos juntos de trem. Era uma farra! Na primeira semana de aulas nesse pré-vestibular, um professor anunciou uma revisão de "derivada" para o próximo sábado. Revisão? Eu jamais ouvira essa palavra. Não tinha a menor idéia do que se tratava. Foi aí que percebi que teria de estudar em dobro. E estudei. No final do ano, fizemos o disputadíssimo vestibular da Unicamp. O esforço valeu a pena: dentre todos os egressos de meu colégio, apenas um amigo chamado Onofre e eu fomos classificados.

Formei-me em informática, ganhei uma bolsa de estudo e vim para o Rio de Janeiro fazer mestrado na PUC. Minha idéia inicial era voltar para Campinas assim que completasse o curso, mas me enamorei por uma carioca e fiquei.

A Cidade Maravilhosa me acolheu de braços abertos. Aos 30 anos, tornei-me diretor de uma grande empresa. Um dia, diante de um problema sério, o presidente me disse: "Ou você é totalmente zen ou não entendeu a gravidade da situação." Pensei: "Não é que eu seja zen, é que as coisas acabam dando certo para mim", mas não revelei esse pensamento vaidoso, limitei-me a relatar as providências que estava tomando.

Recentemente, tive de sair mais cedo de um chope com amigos. Assim que parti, um casal de desconhecidos, mais velhos do que nós, comentou: "...que riso fácil tem esse rapaz, sua felicidade parecia iluminar o ambiente!" Considero-me uma pessoa feliz, mas não imaginava que fosse assim tão visível. O episódio me fez refletir sobre a felicidade. Particularmente sobre o intrigante fato de alguns serem felizes com tão pouco e outros infelizes com muito mais. No meu caso, por exemplo, a relativa pobreza da infância e da juventude não atrapalhou em nada.

Procurando por algum traço de personalidade que fosse comum às pessoas felizes, concluí que, embora sejam muito diferentes entre si, todas lidam bem com suas emoções. Mas será que é possível aprender isso?

Sim. A quase totalidade dos genes é comum a todos os seres humanos e menos de 1% distingue os indivíduos. Resulta daí que a maioria de nossas emoções segue regras gerais, em grande parte já descobertas pela Psicologia Evolucionista. As emoções são espontâneas mas previsíveis, podem ser propiciadas ou evitadas de acordo com nossa vontade, se conhecermos as regras.

Foi uma verdadeira revelação entender que eu agia movido por emoções comuns a toda espécie humana – sentimentos que habitam nossos corações, independentemente de raça, cultura ou criação. Percebi que muito do que faço – de certo – se aproveita de regras gerais da natureza que já foram desvendadas pela ciência. Eu poderia ensiná-las e contribuir para a felicidade das pessoas. Entusiasmei-me! Resolvi aproveitar minha experiência como professor universitário para enfrentar o desafio de escrever um livro sobre o assunto, simples, didático e gostoso de ler.

A primeira dificuldade foi encarar uma dura realidade: nos próximos anos eu dedicaria todo meu tempo disponível a escrever um livro que nem sabia se seria publicado. E daí? Escrever não é minha profissão. Resolvi ser um escritor verdadeiramente amador. Amador é aquele que faz por amor, não por dinheiro. Decidi escrever apenas enquanto estivesse amando fazê-lo. E se agora você está lendo este livro é porque amei fazê-lo do começo ao fim.

Como fazer um livro simples, interessante e revelador? Ocorreu-me a idéia de escrever pequenos textos em linguagem coloquial, fartamente ilustrados por histórias pessoais. Colher depoimentos não seria difícil, pois sou naturalmente discreto e tenho fama de ser um túmulo para os segredos alheios. A seguir vou compartilhar alguns com você, mas tomando o cuidado de ocultar a identidade dos protagonistas. Revelarei os milagres, mas não os santos.

Para um marinheiro de primeira viagem, tudo é novidade, tudo tem que ser pesquisado e aprendido. Para descobrir quão extensos os depoimentos podiam ser sem que se tornassem cansativos, recorri à informática. Com um scanner, copiei várias transcrições de depoimentos que considerei gostosos de ler e, usando um software de edição de texto, contei as palavras. Os maiores tinham cerca de 1.200. Nenhum depoimento deste livro ultrapassa esse limite.

Quando a primeira versão do texto ficou pronta, a submeti à apreciação de antigos alunos, colegas de trabalho, amigos e familiares. O resultado dessa "pesquisa qualitativa" foi excelente. Surgiram questões e casos tão interessantes que resolvi incorporá-los como perguntas de leitores ou novos depoimentos.

Os temas que abordo são corriqueiros: namorar, casar, fazer dieta e exercícios, ganhar dinheiro e ser feliz. Examino como reagiriam nossas emoções em cada situação, o que poderia ser feito ou evitado e como. Esteja preparado, porque algumas verdades serão difíceis de aceitar. O que sentimos nem sempre é o que gostaríamos de sentir. O que os outros sentem a nosso respeito também. Principalmente quando se fala de homens e mulheres.

Este livro está organizado em três partes. A primeira começa por uma apresentação geral da natureza humana, sua luta pela continuidade da espécie e como nós indivíduos podemos conviver bem com isso. Em seguida trata de nossa propensão para engordar e das dietas; da necessidade de fazer exercícios e da preguiça; do trabalho e do estresse.

A segunda parte é sobre o esforço da natureza para nos fazer procriar. Dedica-se exclusivamente à atração entre os sexos. O que nas mulheres atrai os homens e vice-versa e as relações: paixão, sexo sem compromisso, casamento, traições, separações, etc.

A terceira e última parte é específica sobre a felicidade. Por que a natureza a criou e como obtê-la e o importante papel do amor e do uso cotidiano das virtudes.

Espero que você se divirta com este livro e que, ao tomar maior consciência do funcionamento de sua natureza, possa exercitar mais suas virtudes e se culpar menos pelos momentos de fraqueza.

PARTE I

NATUREZA

> *"As dietas tradicionais se diferenciam na forma, mas não na essência: quanto mais saboroso for o alimento, menos elas nos permitem comê-lo."*

Nossa natureza

Charles Darwin foi o biólogo genial que no século XIX desvendou o mistério de como os seres vivos, inclusive os humanos, evoluem. Ele escandalizou a sociedade da época. Sua teoria da evolução, ampliada e exaustivamente confirmada pela ciência moderna, ainda hoje é chocante.

Nossas características hereditárias – físicas ou emocionais – são transmitidas pelos genes. A idéia central do darwinismo é que quanto mais adequado à reprodução for um gene, mais chances o indivíduo terá de passá-lo adiante por meio da geração de filhos. Em contrapartida, genes desfavoráveis à procriação desaparecem com a morte dos seres que não deixam descendentes. Esse processo, que funciona desde o surgimento da vida na Terra, chama-se Seleção Natural e faz a natureza de todo ser vivo buscar a preservação da espécie em qualquer circunstância. Essa busca é instintiva e produz, por exemplo, inúmeros casos de gravidez indesejada em mulheres bem instruídas e com fácil acesso a métodos contraceptivos.

A natureza também entra em conflito com nossos interesses conscientes em muitas outras situações: você não conhece moças que poderiam namorar rapazes ótimos, mas se apaixonam por cafajestes? Quando você está de regime, seu apetite não aumenta? E a preguiça, esse estorvo, por que existe?

Não é por azar que alguém se apaixona pela pessoa "errada", não é por falta de força de vontade que exageramos na comida nem a preguiça é mera vagabundagem. Tudo isso tem raízes profundas em nossa biologia e, em outra época, foi vital para a sobrevivência da humanidade.

Durante milhões de anos vivemos como os animais, apenas sobrevivendo e procriando. Esse longo período evolutivo especializou nossas emoções para colaborarem com a preservação da espécie. Por exemplo, nos encantamos com as crianças, mas ficamos muito irritados quando elas choram. Aparentemente contraditórios, esses sentimentos se completam: o primeiro nos motiva a suprir os pequenos de afeto e cuidados, o outro nos faz socorrê-los prontamente nas emergências.

O processo evolutivo é extremamente lento. Embora o mundo moderno tenha passado por muitas transformações, gostemos ou não, os sentimentos humanos continuam pré-históricos. É o caso de nosso desejo sexual, exagerado para uma espécie cujos indivíduos têm, em média, apenas dois filhos ao longo de suas vidas, mas adequado para que a taxa de natalidade do mundo primitivo superasse a mortalidade infantil da época. Também defasada no tempo é a forte atração que a mulher moderna tem pelo casamento, herança genética de ancestrais extremamente dependentes da proteção masculina.

Depoimentos

Veja essa história de inadequação de nossos sentimentos ao mundo moderno. Júlia queria apenas se divertir, mas não conseguiu. Sua natureza arcaica falou mais alto e o que era para ser uma brincadeira transformou-se em paixão e desejo de compromisso.

O AMOR DELE ACABOU

Júlia tem 45 anos e aparenta menos idade. É uma mulher bonita e saudável. Foi casada, mas não tem filhos. Estava sozinha há alguns anos quando se apaixonou por um garotão.

> Eu trabalhava numa grande empresa atacadista quando apareceu por lá um rapaz bonitão. Tinha uns 30 anos e era técnico de uma prestadora de serviço. Simpatizei com ele assim que o vi e ele também não ficou indiferente a mim.

Rolava um clima legal entre nós. Começamos trocando elogios no ambiente de trabalho, até que um dia fomos dançar. Adoro dançar! Ele era um pé-de-valsa. Eu flutuava em seus braços, sentindo os olhares de admiração que nos seguiam. Há muito tempo não vivia um momento romântico como esse e fiquei tão excitada que custei a dormir à noite.

Saímos outras vezes. Sabia que ele era casado e tinha filhos, mas eu não era comprometida e queria apenas me divertir.

Um dia, durante um jantar, ele se declarou. Disse que estava apaixonado por mim e que nunca tinha conhecido uma mulher como eu. Contou-me que às vezes parava de trabalhar para ficar me observando. Gostava do meu modo de andar, de falar ao telefone, da minha firmeza nos momentos certos... E foi destacando e elogiando cada uma das minhas características. Não é preciso dizer que me encantei.

Nessa noite dançamos juntinhos, os corpos se tocando e os rostos colados. Mal nos movíamos, mas meu coração batia forte. O rapaz sabia como me conquistar, de mansinho, sem afobação. Finalmente nos beijamos, de novo, outra vez... Terminamos a noite na cama.

Depois de alguns encontros, ele sugeriu que eu convidasse uma amiga para fazermos uma brincadeira a três. Que moderno! A aventura inusitada me encheu de entusiasmo. Sem coragem de convidar minhas amigas diretamente, comentei com elas na esperança de que alguma se animasse. Mas isso não aconteceu e percebi até um certo clima de inveja no ar. Acho que eu transpirava alegria.

Aos poucos fui me dando conta de que o que tinha começado como brincadeira virava coisa séria. Eu estava cada vez mais envolvida, enfeitiçada mesmo. Almoçávamos juntos de segunda a sexta. Volta e meia ele escrevia um poema para mim.

Um belo dia a conversa pesou. Ele me contou que estava com problemas financeiros, nome sujo na praça, etc., e me pediu ajuda. Era muito dinheiro, quase tudo o que eu tinha conseguido guardar até então. Mas estava tão enamorada que emprestei.

Coincidência ou não, nossos almoços e encontros foram rareando e logo acabaram. As desculpas eram as mais variadas, todas esfarrapadas. Por fim, ele jurou que fizera um voto de castidade para se purificar espiritualmente. A fonte dos poemas secou. A única chance de vê-lo era no trabalho e, mesmo assim, sentia que me evitava. Quando terminou o serviço contratado, ele partiu levando meus sonhos e minhas economias. Nunca mais me procurou. Tenho de admitir que fiquei apaixonada, que queria e no fundo ainda quero aquele safado para mim.

Foi a natureza arcaica de Júlia que a fez querer a segurança de um relacionamento estável em vez de apenas se divertir e "cair fora" antes de ter problemas.
Mais à frente, retomarei essa história para analisá-la passo a passo.

O depoimento a seguir é mais um exemplo de como nosso desejo continua sintonizado com um passado distante. A moça está de dieta em um spa, preocupada apenas com a silhueta. Sua natureza, porém, interpreta a fome como sinal da chegada de um período difícil e zela pela preservação da espécie.

Spa

Bruna, que não quis revelar a idade, é uma carioca bonita que já foi casada, tem filhos e atualmente está solteira. Ela narra sua experiência num spa, carente de alimentos e... de amor.

Eu não estava gorda, mas, como toda mulher, achei que podia emagrecer um pouco e resolvi passar um tempo num spa que me recomendaram. Um dia, enquanto jantava as poucas calorias a que tinha direito, uma paulista falava da massagem que lhe fizeram: "...à medida que suas mãos percorriam meu corpo, a fome, as dores nas costas e a insônia dos últimos dias foram dando lugar a um profundo relaxamento. Adormeci e nem vi quando ele saiu."

Nesse momento, o massagista passou do outro lado do salão. Um verdadeiro Apolo metrossexual: alto, pele bronzeada e cabelos louros. Vestia uma camiseta sexy que deixava seus ombros à mostra; parecia o David Beckham, aquele jogador de futebol gatésimo casado com uma ex-Spice Girl.

"Meu Deus! Como é que ela pôde pegar no sono nas mãos dele?", pensei, mas não falei nada. Porém, quando ela contou que fez a massagem de "biquíni, sem sutiã", não me contive e dei um jeito de perguntar se não teria acontecido algo mais. "Não, era apenas uma massagem", ela me respondeu de um jeito que fez a mesa toda me olhar como se eu fosse uma tarada.

No dia seguinte, agendei uma massagem em meu quarto, alegando algumas dores musculares. Imaginei esperar o massagista em grande estilo, como nos filmes, com uma garrafa de champanhe em um balde de prata cheio de gelo. Mas não foi possível, o spa não tinha nem guaraná diet.

Quando a campainha soou, eu o aguardava vestindo um biquíni elegante – com sutiã – sob o roupão branco.

– Tire o roupão e deite-se na cama... Assim não, primeiro de frente. – Falava com um ligeiro sotaque espanhol, másculo.

Começou massageando meus pés, dedinho por dedinho. Foi subindo devagar, pernas, o interior das coxas... Suas mãos lubrificadas com óleos aromáticos me apalpavam de forma viril, o calor penetrava fundo em meu corpo. Depois das coxas, saltou a área coberta pelo biquíni e recomeçou na barriga, bem lá embaixo. Fui ficando excitada. Muito excitada!

– Vire-se de bruços – disse finalmente, substituindo o "por favor" por um tom de voz doce.

Estava devaneando, deliciada, quando o ouvi gemer baixinho às minhas costas. Entendi que ele me queria e esperava por um sinal de consentimento. Então suspirei fundo para não deixar dúvida de que estava de acordo com o que quer que fosse. Mas, ao contrário do que eu esperava, a massagem foi ficando mais leve e, em pouco tempo, parei de senti-la. Como havia feito com a outra moça, saiu pé ante pé.

Fingi que estava dormindo até ouvir a porta do quarto se fechar e seus passos se afastarem. Depois, pulei da cama e fui direto para debaixo do chuveiro me acalmar e repensar o acontecido. Fui tomada pela dúvida: aquele gemido teria sido real ou tudo não passou de um devaneio?

No dia seguinte, após uma caminhada, chegamos a uma cachoeira. Lá estava o deus grego de sunguinha. Fiquei nervosa, escorreguei no musgo das pedras e, aos trambolhões, fui parar bem no meio de suas pernas. Em minhas fantasias, não era desse jeito que eu chegaria lá – toda descomposta e cercada por uma platéia de gordos que se esforçava para conter o riso.

Ele foi gentil, até se ofereceu para me acompanhar, caso eu quisesse voltar para o hotel antes do grupo. Não aceitei. Se no aconchego do quarto não havia acontecido nada, não seria no mato, doída e ralada, que iria acontecer.

Cruzei várias vezes com ele até o final da temporada, mas evitei qualquer situação que pudesse despertar meu "apetite".

Algum tempo depois, para minha surpresa, encontrei o "Apolo" numa festa. Fomos apresentados (como se não nos conhecêssemos) e trocamos algumas palavras. Depois que ele se afastou, fiquei olhando: calça jeans, físico normal... Sujeito sem graça. Até seu modo de falar, que antes me parecera viril, era um sotaque hispano-americano comum. Fiquei admirada de ver como, sem a privação do spa, o príncipe virou sapo:

"Faca é faca,
Pão é pão;
Como as coisas são o que são,
Quando vistas sem paixão."

É a lógica da natureza: como a fome aumenta a mortalidade, torna-se urgente procriar para preservar a espécie. Ver um deus da beleza num homem comum foi um incentivo para Bruna se reproduzir. Analogamente, muitas brigas de casal são excitantes e terminam em sexo porque a natureza quer fazer (mais) um filho, antecipando-se à possível separação.

Instinto e razão

A natureza dotou o ser humano de emoções instintivas essenciais para a sobrevivência da espécie. Anteriormente apontei o fascínio que as crianças despertam como um sentimento que leva os adultos a protegê-las. Agora vou destacar emoções ainda mais fundamentais: desejo, prazer, dor, mal-estar e aversão. As duas primeiras nos incentivam a viver e a procriar, as demais nos impedem de colocar a vida em risco.

O estado natural do ser humano primitivo era de subnutrição. Sua expectativa de vida ia pouco além dos 20 anos. Muitos morriam antes de conseguir procriar e a mortalidade infantil alcançava níveis inimagináveis. Nessas condições, a humanidade já estaria extinta se as pessoas não fossem tão gulosas ou gostassem menos de sexo.

O desejo é fundamental para nos incentivar à vida e o prazer é seu grande aliado. Desejo e prazer se completam. Um incita e o outro recompensa nossa obediência ao único mandamento da natureza: "crescei e multiplicai-vos".

A dor e o mal-estar também são essenciais. A dor é um alerta veemente contra qualquer agressão à nossa integridade. Ela nos protege mesmo antes que possamos compreender o que está acontecendo. Quando sentimos dor, prontamente nos retraímos. O mal-estar complementa nossa segurança, dando-nos a chance de aprender com os erros cometidos. Ao comer um alimento e passar mal, o humano primitivo aprendia a evitá-lo nas próximas oportunidades. Um bom exemplo do papel protetor do mal-estar é o enjôo nos primeiros meses de gravidez, quando a sensibilidade da mãe aumenta para proteger o feto. Ele é frágil e precisa dessa proteção extra para não se intoxicar. Repare que o interesse da natureza é na preservação da espécie e não simplesmente na vida do indivíduo. Outros sentimentos, como o amor e as virtudes, são até mais amplos, favorecem filhos, parentes, amigos e até estranhos.

A aversão funciona como medicina preventiva. O aspecto e o cheiro ruim dos alimentos causam aversão para nos impedir de comê-los. O enjôo freqüente das mulheres grávidas também se manifesta como aversão para que elas nem experimentem alimentos suspeitos. Também nos repulsam esgotos, excrementos e outras podridões infectantes. Num mundo sem remédios ou hospitais, o nojo foi tão importante para nos manter vivos quanto a gula. Entretanto, como a natureza detesta perder qualquer chance de procriar, o desejo sexual costuma inibir a aversão: nos beijos, a saliva é agradável; em outras circunstâncias, o cuspe é nojento. Da mesma forma, os odores corporais podem ser excitantes nas relações sexuais, mas são repulsivos fora delas.

Finalmente a razão. É por meio dela que "dialogamos" com os nossos impulsos involuntários – nem sempre de forma amistosa. Outro dia, vi a seguinte cena numa canal de TV por assinatura: um jovem vem correndo e, apesar da aversão que fatalmente está sentindo, mergulha numa vala de esgoto a céu aberto, para deleite dos companheiros de programa. Depois de alguns minutos se debatendo naquela água nojenta, ele sai imundo, passa mal e vomita várias vezes. Pálido e cambaleante, quase desmaia. A graça do episódio está em desprezar o alerta da aversão e deliberadamente arriscar a saúde num ambiente infecto, afrontando a natureza para ver sua reação.

A natureza costuma castigar com rigor quem a desobedece. Porém concordar com ela nem sempre dá bons resultados. Minha amiga Júlia, que se envolveu com o garotão, se deu muito mal seguindo sua natureza apaixonada.

Conheço apenas duas boas estratégias para contrariar a natureza sem pagar um preço muito alto por isso. A primeira é simplesmente afastar-se das tentações. É o que fazemos quando optamos por não ter em casa comidas calóricas, bebidas alcoólicas, cigarro ou quaisquer outros objetos de desejo que queremos evitar. A segunda é ludibriar a natureza, confundindo nossos mecanismos de prazer, por exemplo. O prazer é uma recompensa biológica para atos de preservação e multiplicação da vida. Quando uma comida diet ou light nos agrada, é porque nosso organismo "achou" que era nutritiva (calórica). E o sexo com anticoncepcionais dá prazer porque nosso instinto animal é enganado pela simulação praticamente perfeita do ato de reprodução da espécie.

Depoimento

Essa história aconteceu comigo. Mostra que o mal-estar moral tem a mesma finalidade do mal-estar físico: preservar a vida.

QUASE UMA TRAGÉDIA

Desatenção, susto e, a partir de então, muito cuidado.

Minha vida seguia feliz. No trabalho não poderia estar melhor: enfrentava desafios estimulantes e ganhava bem. Minha mulher e eu havíamos comprado uma casinha de vila que foi reformada e ficou um primor. Para completar, nasceu nossa primeira filha, uma menina maravilhosa. Mas, segundo dizem, é justamente quando tudo parece perfeito que o destino prega suas peças.

Numa manhã, distante alguns metros da borda da piscina, eu lia o jornal e tomava conta de minha filhinha que engatinhava ao meu redor. O sol de inverno nos aquecia suavemente. Para ver se ela estava em segurança, interrompia a leitura com freqüência, até que uma notícia mais interessante me distraiu. Quando levantei novamente os olhos, notei que minha filha se aproximava perigosamente da piscina.

Pulei da cadeira assustado e corri para alcançá-la, mas não consegui chegar a tempo. À beira da piscina, deparei-me com uma cena apavorante: minha filha estava sob uma lâmina de água, com o rostinho pálido voltado para cima, de olhos bem abertos mas imóveis. Agarrei-a pela roupa e tirei-a de dentro d'água. Apertei-a contra o peito e, paralisado pelo medo, esperei. Após uma fração de segundo que pareceu uma eternidade, ela começou a respirar normalmente. Não tossiu nem chorou. A água gelada deve ter provocado um choque térmico, um susto que a fez instintivamente prender a respiração.

Esse episódio me fez cercar a piscina com uma grade e matricular minha filha numa escolinha de natação. Desde então, mesmo na presença da mãe e de outros adultos, ao menor sinal de perigo eu não consigo tirar os olhos da menina. Nem do menino, que nasceu mais tarde.

O mal-estar moral me fez redobrar a segurança de meus filhos, aumentando suas chances de sobrevivência.

Dieta

Antes de falar sobre dieta é bom lembrar que nem sempre o padrão de beleza foi tão sacrificante para a mulher. Divas do cinema imensamente sensuais como Marilyn Monroe não eram magras. E as Vênus e Afrodite retratadas na pintura clássica hoje teriam vergonha de seus corpos balofos.

Embora tenhamos aprendido a admirar a magreza, ela não é naturalmente bonita. Magreza denota subnutrição e o que nosso instinto animal vê como belo é a aparência saudável que prenuncia uma boa capacidade reprodutiva. É por isso que as magricelas podem ser elegantíssimas, matar suas amigas de inveja, mas nunca serão consideradas "gostosas" pelos homens.

As estrelas de cinema e modelos são magérrimas, mas também são jovens, altas, simpáticas, charmosas, sedutoras, comunicativas, têm cabelos brilhantes, faces coradas e lábios invariavelmente carnudos, vermelhos e úmidos. Eu diria que são lindas apesar de muito magras, e não por causa disso. Sem a iluminação apropriada e sem ser maquiada e penteada a cada cena, a mulher magra não parece viçosa aos olhos masculinos. E por acaso as mulheres gostam dos homens esqueléticos?

Apesar da magreza nunca ter sido tão valorizada como atualmente, cada vez mais pessoas estão obesas ou com excesso de peso. Por quê?

Na Pré-História, sem meios para conservar os alimentos, era difícil armazená-los. Para resistir à escassez dos invernos rigorosos ou das secas prolongadas, as pessoas dependiam da gordura corporal acumulada nas épocas de abundância. Quem não engordava quando tinha o que comer morria de inanição nos períodos difíceis. Nós descendemos dos glutões que conseguiram sobreviver para criar seus filhos. A gula faz parte de nossa herança genética.

Para garantir nossa sobrevivência, a natureza nos faz apreciar alimentos nutritivos. Comida gostosa engorda. Por isso as dietas tradicionais se diferenciam na forma – cardápios criativos, tabela de pontos, calendários –, mas não na essência: quanto mais saboroso for o alimento, menos elas nos permitem comê-lo. Salada de folhas à vontade; macarrão e pão, não. Chá amargo, liberado; chope, proibido. Ricota, pode; queijo de verdade, não. Caldo ralo, sim; sopa substanciosa, não. Filé de frango na chapa, um pouco; picanha, lingüiça e torresmo, nem pensar. Na sobremesa, uma fatia de fruta, sim; doce, não. Privando-se do que gosta, qualquer um emagrece. Mas sofre.

As dietas modernas permitem comer carne com mais liberalidade. É um avanço, pois trata-se de um alimento nutritivo e saboroso. Em contrapartida, limitam drasticamente o consumo de carboidratos que, quando ingeridos, se transformam rapidamente em glicose. E o excesso de glicose no sangue estimula a produção de insulina, um hormônio que impede a queima de gorduras corporais (dentre outras funções).

Você pode reparar que quem come um "inocente" biscoitinho para enganar a fome normalmente não resiste à tentação e acaba devorando o pacote todo. É que o biscoito funciona como aperitivo. Seu carboidrato interrompe a queima de gorduras corporais, o que provoca aumento de apetite para fazer a pessoa repor, por meio da ingestão de alimento, a energia que parou de extrair de suas reservas de gordura.

O PYY é outro hormônio importante. Ele leva a mensagem de saciedade do aparelho digestivo ao cérebro e nos faz parar de comer. As carnes nos saciam porque são ricas em proteínas, que estimulam a produção de PYY. Num futuro próximo, vamos controlar nosso apetite com comprimidos de PYY sintético. Por enquanto, o jeito é comer gelatina diet, que é praticamente proteína pura. Meio quilo tem apenas 40 Kcal, menos do que num único biscoito cream-craker.

Resumindo: estimulando a produção de insulina, os carboidratos (massas e doces) aumentam nosso apetite; provocando a produção de PYY, as proteínas (carnes e gelatinas) nos fazem perder a fome.

O PYY demora cerca de meia hora para ser produzido e transmitir a sensação de saciedade ao cérebro. Você já deve ter notado que as pessoas magras geralmente comem devagar. Você vai emagrecer se conseguir comer mais devagar ou se parar de comer um pouco antes de ficar saciado, sabendo que o restinho de fome desaparecerá logo que o PYY agir. "Barriga cheia" também dá sensação de saciedade. Na linha diet, refrigerantes e gelatinas são eficazes para acalmar a fome porque são volumosos. Já as pequenas guloseimas não "enchem a barriga" e ainda têm outros inconvenientes. Os chocolates são gordurosos e mesmo sem açúcar têm muitas calorias, portanto engordam. Balas e chicletes provocam salivação, o que faz o aparelho digestivo se preparar para receber alimentos. Como o alimento não vem, o suco gástrico produzido "queima" o estômago vazio e provoca a sensação de fome.

Outra boa providência para não engordar é manter-se afastado das tentações: evite ter comidas e bebidas calóricas em casa e resista à vontade de sair com amigos gourmets, para não acabar indo a um restaurante. Sentado à mesa, vendo as comidas, sentindo seus aromas, fica mais difícil resistir.

Perguntas

LEITORA: *Achei interessante esse hormônio PYY que dá sensação de saciedade. Mas, na prática, o que devo fazer?*

Você pode comer gelatina diet meia hora antes do almoço e do jantar para ter menos apetite na hora das refeições. Gelatina é proteína pura, estimula a produção de PYY.

Antes de sair de casa para uma festa, procure comer um pouco de proteína para seu organismo produzir PYY e ficar menos voraz. Chegar às festas de estômago vazio é um péssimo hábito, a pessoa acaba se empanturrando de canapés e bebidas alcoólicas, que são altamente calóricos.

LEITORA: *Quando estou de dieta, tenho a impressão de que engordo só de pensar em comida. É impressão minha ou isso acontece mesmo? Tem alguma coisa que eu possa fazer?*

Isso acontece quando a pessoa perde aproximadamente 10% de seu peso. Se pesar 70kg e perder 7kg, por exemplo. Ao sentir que já perdeu 10% de suas reservas vitais, o organismo desacelera o metabolismo para poupar energia. Uma atitude sensata semelhante à de quem resolve economizar porque está gastando mais do que ganha e de repente se deu conta de que já consumiu 10% de sua poupança.

Recomendo tomar três ou quatro cafezinhos por dia enquanto durar a dieta. Sem açúcar, claro. A cafeína acelera o metabolismo e ajuda a emagrecer. Os americanos já implicaram muito com a cafeína, suspeitaram que pudesse fazer mal, aumentar o risco de doenças cardíacas ou a incidência de câncer. Fizeram inúmeras pesquisas e não encontraram evidência de que seu consumo moderado traga danos à saúde das pessoas saudáveis.

LEITORA: *Canso de fazer dieta e depois engordo tudo de novo. O que devo fazer?*

Mude seus hábitos alimentares e adote um comportamento menos sedentário. Mudar hábitos é difícil, mas fica mais fácil com o passar do tempo. Tenha fé e paciência que o resultado dos bons hábitos tarda mas não falha; a cada ano você terá deixado de ingerir milhares de calorias e gasto outras tantas. Vai perder peso.

A força dos hábitos

Já contei que cresci numa cidadezinha de poucos recursos onde não existia uma única piscina. Também não havia quadras, boliches, pistas de patinação, mesas de sinuca ou quaisquer outras instalações esportivas. Jogava-se futebol em terrenos baldios, mas os menos habilidosos como eu nem sempre tinham chance de participar. E a aula de Educação Física do colégio público era chatíssima, limitava-se a uma ginástica básica, da qual felizmente eu era dispensado por ser asmático. Resultado: sou uma nulidade atlética, embora ame os esportes – na televisão qualquer um me diverte.

Apesar de atualmente viver no Rio de Janeiro, uma metrópole repleta de academias de ginástica e clubes recreativos, falta-me disposição para freqüentá-los. É difícil se iniciar no esporte depois de adulto. Tentei aprender tênis, mas desisti antes de ficar divertido. Houve uma época em que caminhei com regularidade. Hoje não faço qualquer atividade esportiva, meu trabalho é sedentário e sou grande devorador de chocolates. Deveria ser enorme de gordo, mas não sou.

Dois fatores explicam meu peso equilibrado: a falta de maior predisposição genética para engordar e o cultivo de hábitos saudáveis. Como não há muito que fazer quanto à herança genética, recomendo investir em melhorar os hábitos.

O ser humano tem uma incrível capacidade de incorporar novos costumes à sua personalidade. Dirigir automóvel, por exemplo, não é natural, mas quando você se habitua parece que é. O mesmo acontece com tomar uísque, comer caviar, praticar esportes e até fumar. Quem fuma pela primeira vez acha horrível, tosse e engasga, mas, se insistir, acaba gostando.

"Água mole em pedra dura tanto bate até que fura." Esse ditado sintetiza bem a força da repetição sem a expectativa de resultados imediatos. Matar-se de fazer exercícios "uma vez na vida, outra na morte" não melhora a saúde de ninguém. Quarenta minutos de caminhada três vezes por semana, sim. Da mesma forma, feijoada numa ocasião especial não engorda; mas comer um pouquinho além da conta todos os dias acaba fazendo um estrago em sua silhueta.

Você mesmo terá de descobrir novos hábitos, pois essa é uma questão muito pessoal. Algumas pessoas acham tedioso caminhar e adoram nadar, outras pensam exatamente o contrário.

Hábitos alimentares

Procure imitar os bons hábitos dos outros. Vendo como o norte-americano comum é gordo, você já desconfia que não deve ser muito saudável comer ovos com bacon no café da manhã e hambúrguer no almoço. Reparando como os franceses são magros, é fácil deduzir que seus costumes devem favorecê-los. Consegui identificar um: comer a salada imediatamente antes da sobremesa.

Em casa, os franceses preparam apenas uma porção de prato principal por pessoa. Por exemplo, para cinco pessoas fazem cinco bifes, cinco porções de arroz, etc. Depois que cada um come sua cota, serve-se salada à vontade. Portanto, enquanto espera pela saciedade, o francês come salada, que tem poucas calorias. Nós brasileiros fazemos o contrário, começamos pela salada e depois enquanto o PYY não faz efeito, repetimos arroz, feijão, batata... Alimentos que engordam.

Procure evitar hábitos ruins como comer mal nas refeições. Observe as moças no restaurante. É comum ver gordinhas comendo apenas salada e magrinhas devorando refeições completas. Parece uma injustiça divina, mas não é. Quem almoça e janta salada está sempre morrendo de fome e, na primeira oportunidade, come guloseimas ou ataca a geladeira. Se você está de dieta, procure comer proteína nas refeições para ficar saciado.

Hábitos não sedentários

As pessoas já se exercitaram mais em suas atividades cotidianas. Hoje, porém, tudo poupa esforço: o automóvel, o elevador, o telefone, o controle remoto, compras pela internet, etc. Se você tem uma rotina sedentária, precisa cultivar hábitos apropriados para gastar mais calorias. Tomar banho frio, por exemplo. Certa vez vi na televisão um piloto, ex-campeão de Fórmula-1, falando sobre sua dieta. Antes de contar o que comia no café da manhã, disse: "Para manter o peso ideal, começo o dia tomando um banho frio..."

Lá em casa temos um boiler exclusivo para o banheiro do casal e durante o verão o deixamos desligado, para nos obrigar a tomar banho frio. Não adianta cair em tentação e ligá-lo de última hora, pois a água do reservatório demoraria um tempão para esquentar. Achou ridículo? Descubra algo que se adapte melhor a você. Eu avisei que a escolha de hábitos saudáveis é uma questão estritamente pessoal.

Bem, o banho sem aquecimento consome calorias, mas não exercita. Quem não faz ginástica nem pratica esportes deve aumentar sua atividade física eliminando comodidades. É o meu caso: praticamente não uso o elevador para subir até quatro andares ou descer seis. Como moro numa casa de três pavimentos e meu escritório fica no quarto andar de um edifício, obrigo-me a usar as escadas várias vezes ao dia.

Hábitos saudáveis nos fazem ingerir menos e gastar mais calorias com naturalidade. Para quem tem tendência a engordar, não há saída: ou adota bons hábitos ou vai passar o resto da vida lutando contra a balança. Não se esqueça de que perseverar é importante porque o organismo precisa de tempo para se adaptar às novas rotinas.

Depoimentos

Vou contar como descobri um hábito alimentar saudável, sem o qual teria engordado bastante.

Um pouco excêntrico

Uma história simples com números impressionantes.

Magro de ruim, eu? Não, tenho meus truques. Começou meio sem querer, mas acabei adotando um hábito alimentar que se tornou importante para eu conseguir manter meu peso.

Há muito tempo, quando o adoçante artificial não era tão comum, fui designado para liderar uma equipe em um novo local de trabalho. À nossa disposição ficavam duas garrafas térmicas de café, uma com e outra sem açúcar. O café adoçado era horrível, muito doce. Para contornar o problema, a maioria se servia misturando um pouco de café de cada garrafa. Porém, talvez por preguiça, alguns se adaptaram ao café muito doce e outros ao amargo.

Recentemente almocei com o Danilo, um amigo daquela época. Enquanto tomávamos nossos cafés amargos, nos demos conta de que esse hábito já durava mais de 25 anos.

Hoje em dia muita gente toma café puro, mas há 25 anos era uma certa excentricidade. Eu, um jovem comum, casado, trabalhador, "careta", comecei a gostar de ser considerado excêntrico. Radicalizei. Deixei de usar açúcar ou adoçante em todas as bebidas: café, café com leite, leite, leite com chocolate, suco de fruta, caipirinha, qualquer coisa.

Lembro-me de que perto do trabalho havia um local famoso por fazer um suco de maracujá muito forte. Divertia-me chegar ao balcão apinhado de gente e pedir em voz alta, para que todos ouvissem: "Por favor, um suco de maracujá bem forte, sem açúcar nem adoçante." Sob uma dezena de olhares incrédulos, bebia aquela coisa intragável fazendo cara de prazer.

Com o tempo, eduquei meu paladar e passei a apreciar o sabor natural das bebidas, sem açúcar ou adoçantes. De tanto representar, acho que acabei ficando um pouco excêntrico. Quando inadvertidamente tomo um gole de café com açúcar, consigo distinguir o sabor da cana misturado ao do café e, para mim, eles não se harmonizam. Apenas por curiosidade resolvi fazer as contas aproximadas de quantas colheres de açúcar eu deixo de consumir por ano. Tomo uma xícara de café com leite (uma) e um copo de suco de fruta (duas) no desjejum e, no escritório, uns três cafezinhos (uma em cada). Só aí deixo de ingerir seis colheres de açúcar por dia. Multiplicando pelos 365 dias do ano, chega-se ao resultado de 2.190 colheres de açúcar. Sem querer fazer uma conta muito precisa que leve em consideração todos os desvios dessa rotina alimentar, deixo de ingerir mais ou menos duas mil colheres de açúcar por ano. Impressionante, não?

Duas mil colheres de açúcar por ano resultam em 50 mil nos 25 anos em que cultivo esse hábito. Como uma colher rasa de chá de açúcar tem 5g, 50 mil colheres equivalem a 250kg. Ter deixado de ingerir 250kg de açúcar deve ter feito alguma diferença em meu peso.

Os cachorros domésticos vivem no ambiente humano e estão sujeitos ao sedentarismo e à abundância alimentar de nossa civilização. Eles também precisam de dieta e exercícios para se manterem saudáveis.

VIDA DE CÃO

Um amigo conta os cuidados que toma com a saúde de seus cães. Nada diferente do que é recomendável para os humanos.

Sempre gostei de cachorros e, há uma década e meia, comecei a criar mastins napolitanos. São uns cachorrões gigantes e rústicos, excelentes na guarda da casa.

Quando fez seis anos (começo da meia-idade para raças desse

porte), Bella, uma cadela azul muito bonita e brava, começou a engordar.

Como acontece conosco, o metabolismo do animal se desacelera a partir da meia-idade. Gastando menos energia, o bicho vai engordar se continuar ingerindo a mesma quantidade de alimento.

Ora, eu não havia alterado sua alimentação – meus cães só comem ração premium nas quantias recomendadas para seu peso corporal. Bella vinha se mostrando meio preguiçosa, deitando-se freqüentemente durante as caminhadas matinais. Não tive dúvida: pedi ao adestrador para ser mais duro com ela e aumentar a carga de exercícios.

Diariamente os cachorros desse meu amigo andam cinco quilômetros com o adestrador – o "personal trainer" deles.

A tentativa não resolveu o problema, ao contrário, agravou-o. Bella continuava a engordar e passou a mancar cada vez mais acentuadamente. O veterinário suspendeu os passeios e aplicou-lhe infiltrações contra displasia e bursite. A cachorra melhorava por algumas semanas e logo voltava a mancar. Como estava pesada, começou a apresentar ulcerações por causa do atrito dos cotovelos no solo ao se deitar.

Por fim, o veterinário decretou: "Bella tem que fazer uma dieta severa, passar a ingerir apenas um terço da quantidade habitual de comida."

Tentei negociar por ela: "E se a gente substituísse a ração pela versão light, anunciada pelo fabricante?" Mas o veterinário mostrou-se irredutível. "Não adianta. A ração light não é suficientemente hipocalórica e, se você deixar, o cachorro acaba comendo mais para compensar. O que funciona mesmo é restringir a quantidade."

Com dor no coração eu via Bella devorar a exígua porção de comida e ainda ficar alguns minutos lambendo a vasilha vazia à procura da última molécula de alimento. Mas persisti.

Fazer dieta ou exercícios sempre requer persistência.

Bella levou quase um ano para chegar a um peso aceitável, embora ainda acima do ideal. Assim que ela pôde retomar as caminhadas, o veterinário liberou mais ração, talvez metade do que ela ingeria antes.

Só posso acrescentar que Bella teve uma velhice saudável, se bem que um tanto esfomeada! Passeou e brincou até morrer de causas naturais aos provectos (para um mastim) 11 anos de idade!

Cães também precisam de dieta e exercícios. Para preservar a qualidade de vida deles, seus donos não hesitam em obrigá-los a andar cinco quilômetros por dia e passar um ano comendo apenas um terço do que estavam acostumados. Mas nós, que não temos donos, precisamos de algum auxílio para refrear nossos instintos de gula e preguiça. E, na minha opinião, desenvolver hábitos saudáveis é a melhor ajuda que podemos nos dar.

Aprendendo
a queimar gordura

Gastar calorias é uma boa maneira de se permitir comer um pouco mais. Os atletas comem duas, três vezes mais do que nós e não engordam. Mas eles treinam cerca de seis horas por dia, o que é impraticável para as pessoas comuns.

Nosso corpo pode ser visto como uma grande máquina de somar e subtrair calorias. Nessa máquina, o que comemos e bebemos soma e o que nos exercita subtrai. Ao final do dia, se o resultado for positivo, engordamos; se for negativo, emagrecemos.

Um modo eficiente de perder gordura é praticar exercícios leves. Quando andamos, 70% das calorias que utilizamos vêm da queima de gorduras. Quando corremos, apenas 30%. Isso ocorre porque a queima de gordura exige muito oxigênio. Quando o exercício nos deixa ofegantes, é porque a queima de gordura já está sendo prejudicada pela falta de oxigênio.

Exercícios intensos são eficientes para consumir as calorias que ingerimos na última refeição, não para aquelas que já se transformaram em gordura. Portanto, atividades físicas mais enérgicas são recomendáveis apenas para quem está comendo normalmente, não para quem está fazendo dieta.

Nosso corpo dispõe de três fontes de energia: a digestão de alimentos, a queima de gordura corporal e o consumo de massa muscular. Antes de fazer exercícios intensos, devemos comer carboidratos para suprir o corpo de energia, para não correr o risco de perder massa muscular nos braços e pernas e manter intactas as gorduras do abdômen. É para evitar esse tipo de problema que as esteiras de exercício mais sofisticadas têm programas específicos para emagrecer bem suaves.

"E a preguiça, esse estorvo, por que será que ela existe?" Anteriormente, respondi dizendo apenas que a preguiça tinha raízes profundas em nossa natureza biológica e já foi vital para a sobrevivência da raça humana. Agora vou explicar melhor a função da preguiça para você poder entender por que – e quando – as pessoas sentem desânimo ou entusiasmo pela ginástica.

O homem primitivo vivia subnutrido, cansado pela dureza de suas atividades diárias. A preguiça surgiu para que ele não se exercitasse sem necessidade, para incentivá-lo a poupar energia sempre que possível.

No entanto, economizar energia nem sempre é adequado. Diante de um perigo iminente, o medo inunda nosso organismo de adrenalina e expulsa a preguiça. Ao acelerar o batimento cardíaco, a adrenalina aumenta a oxigenação no cérebro e nos músculos, nos deixando mentalmente alertas e fisicamente ágeis, prontos para reagir.

A atividade física (da reação) gasta adrenalina e produz endorfina, um hormônio que provoca bem-estar e suprime a dor para que possamos persistir na luta pela sobrevivência, mesmo que cansados ou feridos.

Portanto, no conforto moderno, sem uma alcatéia de lobos para nos forçar a subir na árvore mais próxima ou uma inundação para nos obrigar a carregar filhos e pertences morro acima, pode nos faltar motivação – adrenalina – para sair da inércia. Mas se conseguirmos vencer a indolência e começarmos a fazer alguma atividade física, nosso próprio corpo produzirá o incentivo – endorfina – para a continuidade do exercício.

Perguntas

LEITORA: *Você acha que a gente pode perder massa muscular num spa?*

Sim. Esse risco existe em qualquer programa de emagrecimento rápido.

A dieta emagrece porque o organismo compensa a pouca alimentação consumindo gorduras e músculos para gerar energia. Porém, como transformar gordura em energia requer muito oxigênio, quem ultrapassa seus limites consome massa muscular por falta de fôlego (oxigênio) para "queimar" gordura. Já ouvi um médico afirmar que exercícios intensos, sem alimentação apropriada, podem consumir tecido cardíaco e enfraquecer o coração. Tem lógica: o coração também é um músculo.

Pessoas com sobrepeso normalmente estão fora de forma. Deveriam fazer exercícios leves e ir aumentando a carga à medida que fossem melhorando o condicionamento físico. Mas dessa forma é quase impossível conseguir um resultado expressivo em uma ou duas semanas, que é o tempo que a maioria das pessoas se dispõe a ficar no spa.

Para emagrecer rapidamente, sem um bom preparo físico, é preciso eliminar água do corpo, comendo alimentos quase sem nenhum sal, e consumir a própria musculatura, fazendo exercícios mais intensos do que o recomendado, o que não é saudável.

LEITOR: *Tenho muita preguiça para me exercitar. O que você recomendaria?*

Nossa natureza nos fez preguiçosos, por isso é realmente difícil começar a fazer exercícios. Porém, como já disse, o próprio exercício estimula a produção da endorfina que o torna prazeroso. Busque motivação para sair da inércia. Por exemplo, entre para uma boa academia, contrate um treinador que vá a seu encontro ou combine praticar esportes com amigos. Conhece aquele ditado "comer e coçar é só começar"? Pois bem, vamos reescrevê-lo: "Fazer exercícios, comer e coçar é só começar."

LEITOR: *Eu não quero gastar tempo e dinheiro com exercícios. O que faço?*

Algum jeito você vai ter que dar, porque seu corpo precisa se exercitar. Quem leva vida sedentária deve tomar alguma providência. Tente se movimentar mais em seu dia-a-dia. Aqui vão algumas idéias: no trabalho, visite os colegas em suas salas em vez de usar o ramal telefônico, é simpático e exercita; num clima agradável, faça seus pequenos deslocamentos a pé; antes de tomar um táxi, caminhe um trecho, faz bem à saúde; em casa, em vez de pedir um copo de água à empregada, vá até a geladeira buscá-lo; quando brincar com filhos ou netos pequenos, corra atrás deles, levante-os, jogue-os para o alto – com o devido cuidado –, eles vão adorar e você se exercita enquanto se diverte.

Dinheiro

No tempo das cavernas, quando quase todo mundo era subnutrido, quem conseguia comer melhor ficava mais forte e poderoso. O dinheiro é o substituto moderno da comida. Ele garante nossa subsistência, proeminência social e poder. É por isso que as pessoas – principalmente os homens – gostam tanto de acumular dinheiro. É o mesmo instinto que nos faz comer em excesso.

Ninguém pode ser feliz sem dinheiro para suas necessidades básicas. Entretanto, muito dinheiro não garante a felicidade. Estudos mostram que os ganhadores de grandes prêmios de loteria ficam mais felizes durante aproximadamente um ano: trocam de carro, compram casa de campo, etc. Depois a felicidade deles volta aos níveis anteriores ao prêmio.

Os jornais estão noticiando um caso dramático de felicidade passageira envolvendo muito dinheiro. O ganhador de um dos maiores prêmios de loteria do Brasil foi assassinado. Viveu apenas um ano e meio na riqueza: mudou-se para uma mansão, comprou fazenda, contratou seguranças e casou-se com uma mulher jovem e bonita. Teria sido vítima de cobiça alheia? Ainda não se sabe. Enquanto escrevia este livro, as investigações mal tinham começado, mas tanto a nova mulher como os seguranças recém-contratados estavam temporariamente presos sob suspeita.

Chega de especular sobre a felicidade dos ganhadores de grandes fortunas, eles são tão poucos. Agora quero falar de algo que considero valioso para as pessoas normais: descobri que a sensação de riqueza não vem de quanto você ganha ou gasta, mas de quanto sobra. Viver com dinheiro sobrando é que dá a deliciosa sensação de ser milionário. Suponha que a quantia de que você dispõe dê justo para ir a Nova York ou com folga para a Praia do Rosa, em Santa Catarina. Você vai se sentir um pobretão se escolher ir para Nova York, onde terá de ficar num hotelzinho barato e sair com dinheiro contado, receoso com os gastos imprevistos. Na Praia do Rosa, hospedado num hotel requintado e com dinheiro no bolso, vai se sentir um verdadeiro milionário: mordomia, praia, sol, mar, peixinho frito, caipirinha, compras...

Para sempre ter dinheiro sobrando, você deve optar por viver num padrão de vida ligeiramente inferior às suas reais possibilidades. Muita gente faz o contrário: podendo comprar um bom automóvel nacional, aperta o cinto e compra um importado para se achar poderoso e impressionar os amigos. Depois sofre toda vez que tem de levá-lo à oficina, renovar o seguro ou pagar o IPVA. Nessas circunstâncias, eu preferiria comprar o carro nacional e ficar despreocupado com as despesas.

Não pense, porém, que é um desatino investir em símbolos de status. Eles são uma maneira eficaz de o sujeito se mostrar talentoso. Exibir riqueza demonstra competência profissional, pois ninguém paga regiamente a quem não merece. E os homens ficam particularmente atraentes quando se mostram opulentos (este assunto será abordado na segunda parte do livro). Portanto, é natural que as pessoas queiram ostentar um certo luxo. Se recomendei cautela, é porque itens sofisticados costumam ter altos custos de manutenção que precisam ser considerados.

Note que a sensação de opulência dá-se por comparação com o próximo. A miséria de povos longínquos ou os bilhões de dólares do Bill Gates não nos afetam. O que dói é não ter dinheiro para trocar a geladeira quebrada e ver o vizinho desfilar de carro novo. Veja que loucura! O povo americano está mais rico a cada dia que passa, mas as pessoas nem percebem que estão enriquecendo, porque o mesmo acontece com seus vizinhos. É como a pessoa que viaja num avião a 900 km por hora e se sente parada porque, a seu redor, tudo está na mesma velocidade. O americano de classe média considera seu padrão de vida perfeitamente normal, nem se dá conta da opulência em que vive. Você sabia que nos Estados Unidos existem mais automóveis licenciados do que pessoas habilitadas a dirigir? Lá, comprar um carro não é realização, é quase uma obrigação.

Desde 1950 o rendimento per capita dos norte-americanos triplicou. No entanto, a porcentagem dos que se consideram "muito felizes" permaneceu inalterada e a incidência de casos de depressão triplicou. Todos os anos, um em cada 15 americanos entra em depressão profunda, daquelas em que o sujeito mal consegue sair da cama.

Vamos falar um pouco do óbvio: trabalhar não dá dinheiro. Pelo menos, o dinheiro que se ganha não é proporcional à quantidade de trabalho que se faz; caso contrário, serventes de pedreiro, lixeiros e médicos plantonistas deveriam ser milionários. Para ganhar bastante, a pessoa tem que fazer o que muitos valorizam e poucos querem: assumir riscos (e responsabilidades).

Pouca gente se dispõe a assumir grandes riscos, por isso é lucrativo fazê-lo. Aplicar na bolsa de valores é rentável porque é arriscado. Já a caderneta de poupança, que é segura, rende uma ninharia. Ter negócio próprio é melhor do que ser empregado, mas metade das novas empresas fecha antes de dois anos de vida e seus empresários perdem tudo que investiram. Assumir riscos dá dinheiro, mas é perigoso.

Embora seja estressante quando em excesso, o risco é excitante. Não é à toa que os parques de diversões têm elevadores que despencam e montanhas-russas. Gostamos de correr risco porque ele já foi essencial para a preservação da espécie: coletar alimento na savana era perigoso e caçar um grande animal armado apenas de lança ou tacape era mais ainda.

Os humanos pré-históricos ficavam nervosos, mas não estressados porque suas dificuldades eram acompanhadas de atividade física, que é o melhor antídoto para o estresse. Nosso organismo responde às ameaças produzindo adrenalina para nos preparar para a reação. Mas o próprio esforço físico das reações primitivas consumia o excesso de adrenalina e produzia endorfina. Quando o perigo passava, o indivíduo se sentia ótimo – calmo porque sua adrenalina tinha voltado ao normal e eufórico pela ação da endorfina.

No mundo moderno, a adrenalina sobe, mas dificilmente há reação física. No escritório, por exemplo, a situação está preta e o indivíduo continua sentado à mesa, tomando providências pelo telefone. Sem atividade física, o excesso de adrenalina não é consumido nem há produção de endorfina. Mesmo que a situação se resolva a contento, o estado de tensão continua: é o estresse.

A natureza humana pede uma reação física em resposta às ameaças que sofre. Como não é recomendável chutar a canela do chefe nem matar o concorrente, fazer exercícios é nossa melhor opção para gastar adrenalina e produzir endorfina. Quanto mais estressante for o trabalho, mais precisamos de atividade física.

A capacidade de suportar riscos varia de um indivíduo para outro – o que é estimulante para uns pode fazer outros adoecerem. Portanto, ao dar o melhor de si, esteja atento para quanta pressão você pode suportar sem comprometer sua saúde física e mental. Não é uma tarefa fácil, pois somos naturalmente ávidos por alimento, sexo e dinheiro.

Depoimentos

Entre os mamíferos gregários – que vivem em bando –, a grande aspiração dos machos dominantes é ser chefe para ter acesso privilegiado às fêmeas de seu grupo. Inconscientemente ou não, isso também acontece com o homem.

No depoimento abaixo, Joaquim é um "macho" dominante, mas sua própria ascensão social o impede de conseguir a chefia de seu "bando".

Um dia eu chego lá

Joaquim tem 42 anos. Ambicioso desde pequeno, sempre quis ser rico.

Ainda criança, enquanto meus colegas se dedicavam aos estudos obrigatórios e às brincadeiras infantis, eu colecionava selos e outras coisas de valor que comprava e revendia para multiplicar o dinheiro da minha mesada. Aos 13 anos, comprei um Rolex somente com os lucros do negócio. Era um relógio usado, mas fazia o maior sucesso na escola.

Durante o ensino médio fui o primeiro a escolher uma carreira: queria trabalhar no mercado financeiro para ficar rico. Fiz faculdade, mestrado no exterior e antes mesmo de voltar fui contratado por um banco de investimentos brasileiro.

Comprei um automóvel importado no primeiro ano de trabalho, mas a alegria durou pouco, pois minha atenção logo se voltou para os carros da diretoria, muito melhores do que o meu. Hoje sou diretor e tenho um Porsche turbo. Quando passo, todo mundo olha. Quando estaciono, junta gente. Mas eu mesmo não consigo dar valor; o que admiro são os helicópteros particulares que pousam no topo do prédio do banco.

É sempre assim, até psicanálise já fiz, mas não adiantou. Compro casa, casa de praia, lancha e nunca fico satisfeito. Pelo menos, entendi o que se passa comigo: à medida que vou progredindo, meu círculo de amizades vai se renovando e passo a conviver com pessoas cada vez mais ricas e poderosas. Assim, em todos os momentos de minha vida, quem realmente importa para mim é sempre mais rico do que eu.

Quando criança, pensava: "Um dia eu chego lá." Hoje sei que isso nunca vai acontecer.

Joaquim sente-se pobre porque, uma vez supridas nossas necessidades básicas, riqueza e pobreza passam a ser valores relativos, aferidos apenas por comparação com as pessoas ao redor.

No depoimento abaixo, conto como procuro manter um padrão de vida ligeiramente inferior às minhas reais possibilidades para me sentir "rico".

OPÇÃO DE VIDA

Mais um pouco de minha história pessoal.

Meus pais viviam com o orçamento apertado, mas conseguiram formar seus três filhos em conceituadas universidades públicas: o mais velho pela USP, em São Paulo, eu e o mais novo pela Unicamp, em Campinas.

Recém-formado, vim para o Rio de Janeiro fazer mestrado. Com dois outros candidatos a bolsas de estudo, aluguei um quarto barato, sem mesa para estudar ou ar-condicionado. O calor e o barulho do tráfego eram tão insuportáveis que um dos meus colegas não agüentou o desconforto, sentiu falta dos amigos e da família, abandonou tudo e voltou para sua cidade.

Esse incômodo durou apenas três meses. Assim que saíram nossas bolsas de estudo, eu e o Osvaldo – o colega que ainda morava comigo – nos mudamos para um pequeno quarto-e-sala que mobiliamos com o essencial. Cada um de nós gastava metade da bolsa com o aluguel e vivia com a outra metade. Era pouco dinheiro, mas dava para comer, dormir, estudar e ainda sobrava para um cineminha de vez em quando.

Numa segunda-feira, às 5h30 da manhã, meu amigo chegou de um fim de semana em Campinas e me acordou com um comunicado bombástico: "Vou me casar, começo a procurar emprego ainda hoje." Sonolento, misturando sonho e realidade, eu o vi casado e próspero, enquanto eu, solitário, desesperava-me para pagar o aluguel. "Quer saber de uma coisa? Vou com você."

Até aqui a falta de dinheiro ditava meu nível de consumo. De agora em diante, ganhando melhor, vou poder escolher meu estilo de vida.

Naquela época, formados em informática pela Unicamp e mestrandos da PUC-Rio, num piscar de olhos estávamos muito bem empregados. O salário parecia uma fortuna: pagava as contas, permitia-me luxos até então impensáveis e ainda sobrava dinheiro ao final do mês.

Aos 24 anos comecei a namorar a Clô, uma estagiária bonita, de personalidade forte. Após um ano, ela foi contratada pela empresa e nos casamos. Com nossos salários somados, sentia-me ainda mais milionário. À medida que éramos promovidos no emprego, ganhávamos, gastávamos e poupávamos mais. Depois de muitos anos de trabalho e ainda sem filhos, compramos nossa casa própria.

As coisas foram melhorando, Clô parou de trabalhar e vieram os filhos. Reformamos a casa para arranjar espaço para eles, mas não nos mudamos, ficamos na simpática vila do Cosme Velho, onde moramos até hoje.

Se tivéssemos nos mudado para um condomínio sofisticado, no limite de nossas posses, talvez nos sentíssemos mal tentando acompanhar o padrão de vida dos novos vizinhos ou nem fôssemos bem aceitos por eles.

À medida que fomos progredindo financeiramente, adotamos hábitos de consumo mais sofisticados, mas sempre aquém de nossas reais possibilidades, para viver com dinheiro sobrando e curtir a sensação agradável da fortuna.

Viver com folga de dinheiro é que dá sensação de riqueza. Estou convencido de que quem ganha 10 e gasta 8 se sente mais rico do que quem ganha 12 e gasta os 12 (ou mais).

A seguir, a história de uma jovem dominada por sua natureza arcaica.

O SONHO DISTANTE

Aos 23 anos, Ruth é uma jovem professora norte-americana que não sabe aproveitar a vida.

Meu nome é Arndt e acabo de voltar dos Estados Unidos, onde fiz um conceituado curso de inglês para estrangeiros na Universidade de Delaware.

Além das aulas, toda semana havia uma hora de atendimento individual com um professor-orientador, para o aluno tirar dúvidas de classe, receber explicações adicionais sobre trabalhos ou simplesmente conversar em inglês.

Ruth era uma dessas orientadoras. Uma bela jovem de 1,70m de altura, cabelos escuros, pele clara e olhos azuis. E gorda, muito gorda.

Numa das sessões de orientação em que conversávamos amenidades, comentei com entusiasmo sobre uma viagem que eu fizera à Grécia e perguntei-lhe se já havia viajado para o exterior. Ela me respondeu com ar sonhador: "Sou formada em línguas, especializada em espanhol. Meu maior sonho é visitar um país de língua espanhola. Vou fazer isso quando me aposentar." Por um instante percebi uma inquietude em seu espírito. Mas, após um breve momento de introspecção, ela retomou a didática como se nada tivesse acontecido.

Pensei: "Existem excursões dos Estados Unidos para o México de todos os tipos e para qualquer orçamento. Seu sonho poderia ser facilmente realizado, afinal uma professora universitária americana não deve ganhar tão mal assim. E falta 'uma eternidade' para ela se aposentar!" Ainda quis retomar o assunto, mas não tínhamos intimidade suficiente. Havia também a barreira da língua, meu inglês era precário demais para eu questionar seu estilo de vida com delicadeza. Acabou a sessão. Saí.

Ruth vive na sociedade mais rica do planeta, mas acumula gordura corporal e dinheiro como se estivesse num ambiente primitivo, sob constante risco de escassez.

Pergunta

LEITOR: *Sou jovem e trabalho no mercado financeiro. Concordo plenamente com você: trabalhar apenas não dá dinheiro, é preciso saber conviver com riscos e estresse. Eu agüento bem a pressão, mas não faço exercícios. Você acha que se eu me exercitasse poderia suportar ainda mais pressão e, quem sabe, ganhar mais dinheiro? Qualquer exercício serve?*

Os exercícios agem diretamente na nossa natureza biológica consumindo o excesso de adrenalina e produzindo endorfina – o potente "hormônio do bem-estar" com estrutura molecular semelhante à do ópio, da morfina e da heroína, drogas que dão prazer e aliviam a dor.

Ao diminuir seu nível de estresse, os exercícios vão torná-lo mais produtivo. Qualquer exercício serve: andar, correr, pedalar, nadar, fazer musculação ou praticar esportes. O mais indicado é o que você achar mais agradável ou menos penoso.

Algumas pessoas preferem se exercitar no começo da noite para eliminar o excesso de adrenalina do dia, relaxar e dormir melhor; outras preferem o exercício matinal para produzir a endorfina que as fará começar o dia mais bem-dispostas. A escolha é sua.

Nos grandes centros, o controle de estresse pelo exercício é levado a sério. Veja o que meu amigo Cláudio contou, depois de uma temporada de trabalho em Nova York:

A sede da empresa funcionava 24 horas por dia para aproveitar as oportunidades de negócio que acontecem em lugares de diferentes fusos horários, como Tóquio, Hong Kong, Londres, Paris ou São Paulo. Em suas dependências havia uma imensa academia de ginástica, maravilhosa, completa. A qualquer hora do dia ou da noite, quando se sentiam estressados, os empregados faziam um intervalo no trabalho e iam malhar. Não era preciso trazer material de casa, pois a academia oferecia tudo em todos os tamanhos. Bastava pegar tênis, meia, calção, camiseta e se exercitar. Depois era só jogar o material usado nos cestos apropriados, que tudo voltava limpo e esterilizado para as prateleiras.

PARTE II

AS LEIS DO AMOR E DO DESEJO

> "*Para conquistar um homem é melhor ser recatada ou oferecida? Depende. Para levar o homem para a cama é melhor ser* oferecida. *Para levá-lo para casa é melhor ser* recatada."

A construção do amor

A vida é engraçada, ora segue modorrenta, ora corre rápida e intensa. Em menos de um ano me formei na faculdade, me mudei para o Rio de Janeiro, comecei um mestrado, arranjei meu primeiro emprego e conheci minha futura mulher. Embora na época eu não tenha me dado conta disso, pois ela parecia estar completamente fora de alcance.

Mal a conheci, precisamos ir juntos a um determinado endereço.

– Você sabe onde fica? – perguntei.

– Não sei, mas o *chauffeur* sabe.

Aquele *chauffeur* dito com pronúncia carioca e ligeiro toque afrancesado me encantou. Falava de seu motorista particular. Para mim, recém-chegado do interior paulista, chofer era coisa de milionária de telenovela. Decididamente não pertencíamos ao mesmo mundo.

Mas o amor tem regras próprias e não respeita nossas barreiras racionais (este é o tema desta parte do livro). Ela era bonita, atenciosa e cheia de vida. E eu, com sólida formação acadêmica e gana de vencer, destacava-me dos demais. Com o correr dos dias, cada um de nós se interessava mais pelo outro. Mas, sempre que me sentia mais atraído, a certeza de não ter a menor chance liquidava meu entusiasmo no nascedouro.

Um dia ela disse sem rodeios que queria namorar comigo. Pode parecer ridículo, mas, pego de surpresa, pedi 24 horas para pensar. No dia seguinte, antes do "sim", fiz um longo discurso, apenas para confessar que morria de medo de namorar uma moça de família rica.

Aos nove meses de namoro, recebi uma proposta de trabalho que incluía passar alguns anos em Paris. Exultante, perguntei para Clô:

– O que a gente faz, se casa?

Ela aceitou. Animados pela perspectiva de uma vida a dois na cidade mais romântica do mundo, noivamos para as famílias se conhecerem e, em seguida, nos casamos. Por ironia do destino, depois de cumprir a função de cupido, o trabalho no exterior não aconteceu.

Jovens e com promissoras carreiras pela frente, resolvemos adiar a vinda dos filhos durante vários anos. Quando decidimos que havia chegado a hora, eles não vieram. Fizemos todos os exames possíveis e tudo parecia estar perfeito. O diagnóstico final foi "esterilidade sem causa aparente".

Preciso interromper esta história para fazer um comentário: assim como a atração entre corpos celestes é regida por leis físicas, a atração entre os sexos obedece a leis biológicas. Uma delas diz que amor e desejo existem para perpetuar a espécie. Lei óbvia, mas de grave conseqüência: quando os filhos não vêm, o amor do casal enfraquece ou morre para libertar os cônjuges da união estéril. Não interessa se por infertilidade ou escolha, não reproduzir é um atentado à preservação da espécie. Por isso é comum as relações sem filhos não resistirem ao tempo. Testemunhei o fenômeno com amigos nossos, um casal jovem e apaixonado. Durante anos não quiseram filhos e, quando mudaram de idéia, não conseguiram. Então se separaram. Sofreram. Mas, obedecendo a suas naturezas, logo encontraram novos pares e tiveram filhos que, acredite, nasceram com apenas um dia de diferença.

Não faltou provocação para que eu tentasse um filho com outra mulher. Era professor na PUC, jovem, as alunas me assediavam. Uma garota linda, quando soube de minha dificuldade, propôs com todas as letras: "Flávio, se você quiser, eu lhe dou um filho."

Embora a maioria dos casais que não conseguem ter filhos se separe, Clô e eu continuamos juntos. Não saberia dizer tudo o que fizemos para que nosso amor resistisse às forças contrárias da natureza, mas posso afirmar que não faltou cumplicidade. Quando a Clô propôs a adoção, eu ainda não me dava conta de que sentia falta de um filho, mas concordei por fidelidade a ela e a nossa idéia de casamento.

Com meu conhecimento atual, entendo que enganamos nossas naturezas. O casal que adota um filho preserva seu amor como se procriasse, assim como quem usa anticoncepcional obtém prazer como se tentasse se reproduzir. É certo que o amor exige filhos, mas não faz testes de DNA para saber se foram gerados ou adotados. A simples presença da criança alimenta o afeto entre os pais.

Como pai adotivo, posso garantir que o amor entre pais e filhos nasce e se desenvolve com o convívio. O amor não é um vínculo consangüíneo. Conheço uma moça que foi inseminada com material genético de um banco de esperma norte-americano e teve uma filhinha. A menina é uma gracinha. Ainda assim, duvido que o doador do sêmen, que nem sabe que tem uma filha no Brasil, a ame. Insisto que o amor se desenvolve pelo convívio. Fazendo testes de DNA, uma amiga pesquisadora descobriu crianças trocadas na maternidade e pôde observar que pais e filhos se amavam normalmente e nem sequer desconfiavam da falta de parentesco biológico.

Nesta segunda parte do livro abordo as estratégias da natureza para nos fazer ter e criar filhos: as qualidades físicas e mentais mais atraentes em cada sexo, as emoções que despertam e o modo como homens e mulheres encaram as relações de casamento, namoro, "ficar", etc.

Embora nossos sentimentos sejam mais complexos do que as singelas descrições que farei, se você observar os comportamentos das pessoas ao redor – e os seus –, vai se surpreender com o quanto de realidade há em regras tão simples e verá que o conhecimento dessas regras pode nos ajudar a evitar, propiciar ou aprofundar envolvimentos afetivos.

Estratégias reprodutivas

Toda espécie animal tem suas estratégias reprodutivas. Os filhotes de tartaruga marinha, por exemplo, já nascem prontos para a vida. A fêmea adulta enterra seus ovos na areia da praia e vai embora. Eles são chocados pelo calor do sol, as tartaruguinhas nascem, correm para o mar e se desenvolvem sozinhas, sem qualquer assistência. Ao contrário, filhotes humanos nascem frágeis e precisam de anos de cuidados até conseguirem sobreviver por seus próprios meios.

Em uma mesma espécie cada sexo tem sua própria abordagem reprodutiva. A abelha rainha, ao copular com um zangão, extrai os órgãos genitais dele, matando-o instantaneamente. O leão fica refestelado à sombra de uma árvore enquanto seu harém de esposas caça por ele. A raça humana não é exceção. Instintivamente, homens e mulheres buscam o que for reprodutivamente mais vantajoso para si, mesmo que isso não seja muito "justo" para o outro.

Constituir família era a melhor opção para nossas ancestrais. Sem a proteção de um macho, dificilmente a mãe pré-histórica conseguiria sobreviver ou preservar a vida de seu bebê. Essa dependência incorporou-se à natureza feminina como uma predisposição para o casamento que faz a mulher solteira ou separada estar sempre pronta para se enamorar e casar. No entanto, depois de casada, ela se encanta por outros homens porque ambiciona variedade e excelência genética para sua prole. O processo é inconsciente. Nenhuma mulher casada premedita se apaixonar ou engravidar de outro homem. Essas coisas acontecem porque a natureza reprodutora feminina conspira para isso. E certamente aconteciam com mais freqüência antes da invenção dos anticoncepcionais modernos.

A melhor maneira de o homem primitivo se multiplicar também era em família, pois seus filhos teriam mais chances de sobreviver com ele por perto para protegê-los. Mas era grande a tentação de fazer sexo "sem compromisso", deixando possíveis conseqüências exclusivamente a cargo da mulher. Para maior eficiência reprodutiva, a natureza masculina joga com as duas possibilidades: o homem que se julga capaz de cuidar de mulher e filhos constitui família, embora continue atento às oportunidades extraconjugais; os outros fazem a corte, seduzem, mas querem apenas sexo "sem compromisso". Resumindo: a mulher quer se casar. O homem, nem sempre. Mas depois de casados ambos são tentados a trair.

Depoimento

É inacreditável como nossas estratégias reprodutivas continuam primitivas. A seleção natural não teve tempo para adaptá-las à vida civilizada. Leia o relato abaixo e tire sua própria conclusão.

Laços de família

Stela tem 36 anos e é professora do ensino fundamental. Sofreu graves conseqüências por arrumar um emprego para a prima.

> Não sei se já consigo contar essa história. É tudo muito recente, fico indignada quando as lembranças me vêm à cabeça. Mas vou tentar, perdoe-me se não conseguir.
> Eu e o Wellington sempre trabalhamos muito. Leciono num colégio de manhã, em outro à tarde e dou aulas particulares à noite. Ele passava o dia todo em pé naquela loja de tecidos. E ganhava um bom dinheiro com comissões. Enquanto tivesse freguês entrando, só queria saber de uma coisa: vender. O gerente dizia que tinha de expulsá-lo para conseguir fechar a loja à noite.
> Nossa vida estava começando a se ajeitar. Compramos uma casa

caindo aos pedaços no subúrbio e fomos reformando aos poucos. Estava ficando uma beleza; o jardim, então, nem se fala. O Wellington tinha mãos verdes, parecia ter nascido para a jardinagem.

Um dia, uma prima veio me procurar. Era praticamente minha vizinha, mas a gente mal se via. Eu sabia apenas que ela morava com um sujeito soturno que nunca trabalhava e vivia se embebedando num boteco próximo. Ela me contou que estava desempregada e eles passavam necessidades. Por acaso, no dia anterior, meu marido tinha comentado sobre uma vaga na loja.

Pedi o emprego para minha prima. Ele não queria indicá-la, disse que mal a conhecíamos, mas eu argumentei que era desumano deixar uma parente passando necessidade, sabendo que bastava sua indicação para ela estar empregada. Tanto azucrinei a paciência dele que acabou arrumando o lugar para ela. Não gosto nem de pensar.

Embora o nepotismo seja condenável, privilegiar os parentes é natural, faz parte da estratégia reprodutiva da espécie humana. Pais e filhos compartilham 50% de seus genes; irmãos, 25%; primos, 12,5%, e assim por diante. Inconscientemente, ajudamos os parentes para perpetuar nossos próprios genes.

Diversas vezes o Wellington lamentou que minha prima não era uma boa pessoa, dizia que era sonsa e adorava intriga. Não se perdoava por tê-la indicado para a vaga.

Nos domingos em que ia pescar, meu marido pulava da cama de madrugada para se encontrar com a turma da pescaria. Normalmente saía sem que eu percebesse, mas naquele dia acordei. Ele me puxou para seus braços e disse que ainda era cedo para o encontro com os amigos. Morta de sono, fechei os olhos para voltar a dormir. Ele beijou meu pescoço. Fiquei tão arrepiada que despertei um pouco, apenas o suficiente para ele prosseguir, tirando minha camisola, me acariciando, atento, adivinhando minhas vontades. Parecia um sonho bom.

Recordar me entristece, mas ainda assim é gostoso. Levantei-me e preparei o café da manhã enquanto ele conferia o equipamento de pesca. Fizemos um desjejum apressado porque já estava ficando tarde. Mas eu ainda o acompanhei até a porta e nos despedimos com um beijo.

Eu estava tirando a mesa do café quando ouvi os estampidos: um, dois, três... Seis tiros, muito próximos à minha casa. Àquela hora da manhã ainda não devia haver ninguém na rua, a não ser... ele.

Minha prima compareceu ao velório; senti uma sensação ruim quando me abraçou. Ficou pouco tempo e se foi. Depois, vieram me contar que ela costumava botar ciúme no marido, falando que o Wellington dava em cima dela. E que o sujeito, quando se embebedava, dizia que ainda ia "apagar aquele filho-da-puta". Não quis acreditar. Mas ela abandonou o emprego logo depois e a casa deles está fechada, ninguém sabe por onde andam.

Você não faz idéia de como tudo isso me dói, como estou revoltada. Se não fosse pelo menino, acho que faria uma besteira. Ele tem 12 anos. É de cortar o coração vê-lo assustado, com medo de tudo. Até xixi na cama começou a fazer. Está esquisito, cuida das coisas do Wellington como se fossem relíquias santas, com veneração. Jura que o pai aparece de vez em quando para lhe dar conselhos. Acho que vai ficar traumatizado pelo resto da vida.

A prima da Stela provocou uma tragédia porque espicaçou sentimentos arcaicos do marido. A natureza masculina aliou desconfiança e violência para evitar que o homem primitivo desperdiçasse seus parcos recursos criando filhos de outros homens sem saber.

Os atrativos de ambos os sexos

Os seres humanos têm muitos atrativos que, dependendo das circunstâncias, podem levá-los ao acasalamento. Alguns são óbvios como a beleza, outros, não. A inocência, por exemplo, poderia ser considerada uma falha e, no entanto, é extremamente sedutora nas mulheres. Sinaliza juventude e pouca experiência amorosa, respectivamente prenúncios de fertilidade e fidelidade.

O que nos atrai no sexo oposto são indícios instintivamente percebidos de que o indivíduo pode gerar ou criar os filhos que nossa natureza quer ter.

Nunca é demais lembrar que a natureza não teve tempo de se adaptar ao mundo moderno. Portanto, o que indica o poder de sedução de determinado atributo humano é sua funcionalidade no passado remoto da espécie. Por exemplo, o corpo atlético do homem é sedutor porque a força bruta do macho já foi importante para a sobrevivência familiar.

Autoconfiança

A autoconfiança é sedutora. Como sabemos, os bebês humanos nascem frágeis e precisam de anos de cuidados até se tornarem independentes. Portanto, um bom parceiro reprodutivo deve nos ajudar na árdua tarefa de criar os filhos, dividindo conosco a responsabilidade pelas decisões e iniciativas.

Como ser mais seguro? Preparando-se antecipadamente para as

situações. Suponha que uma jovem vá sair com um rapaz pela primeira vez. Seria interessante ela refletir com antecedência se está disposta a fazer sexo logo nesse encontro. Com uma decisão prévia, seja ela qual for, fica um pouco mais fácil tomar a iniciativa das ações e mostrar segurança.

Atenção e generosidade

Atenção e generosidade também despertam desejo porque nossa natureza biológica "vê" essas qualidades como fundamentais para a criação dos filhos. Se atualmente elas ainda são importantes, imagine antes de existirem escolas, creches, maternidades, babás, enfermeiras, etc.

É preciso algum convívio para sabermos se uma pessoa é generosa, mas mesmo à distância é possível perceber se é atenta. Quando estiver num bar ou restaurante, repare como é atraente a atenção que algumas pessoas prestam a seus acompanhantes. O olhar embevecido é muito sedutor.

Não menospreze o poder da atenção. Se você quiser seduzir alguém, controle sua ansiedade, fale menos de si e preste mais atenção ao outro.

Auto-engano

Certa vez elaborei um treinamento para empresas e quando estava para decidir quanto cobraria recebi pelo correio o prospecto de um produto equivalente. Resolvi praticar o mesmo preço.

Na primeira visita de venda, mostrei as vantagens de meu curso e, apresentando o prospecto da outra empresa ao cliente, expliquei que meu preço era o mesmo da concorrência, mas com uma condição de pagamento melhor – ela cobrava quase metade antecipadamente e eu concordava em receber tudo ao final. O cliente aceitou a proposta e o treinamento foi um sucesso.

Passei algum tempo ocupado com outros projetos até aparecer uma nova oportunidade de vender aquele curso. Quando revi o prospecto do concorrente, gelei. Havia um preço com desconto para pagamento antecipado e o preço normal. Eu tinha somado os dois valores pensando que fossem duas parcelas. Cometi um engano altamente lucrativo para mim! Jamais faria isso em sã consciência e, se quisesse fazê-lo, não seria convincente. Mas, ao mostrar o prospecto do concorrente ao comprador com tamanha tranqüilidade, transmiti uma honestidade de propósitos que foi fundamental para o fechamento do negócio. Ele certamente nem leu o que tinha em mãos.

Essa compreensão equivocada da realidade que nos leva a acreditar naquilo que queremos que os outros acreditem chama-se *autoengano*. É uma arma inconsciente de sedução – muito usada pelos apaixonados – que tem a força de convencimento da inocência.

O homem apaixonado quer se casar porque sua natureza sabe que é isso que a mulher deseja. Ele promete casamento com sinceridade, mas depois de algum tempo de relacionamento íntimo vem a dúvida: investir ou não na criação de uma família? Quando a natureza masculina opta por "não investir", a paixão do homem extingue-se naturalmente. Não se trata de uma decisão maquiavélica: "Agora que já satisfiz meu desejo, vou embora, quero que ela se dane." Não! Seu pensamento é até sensato: "Eu não amo essa mulher. Não vou me casar com ela só porque fomos para a cama."

Da mesma forma, a mulher enamorada jura fidelidade acreditando piamente naquilo que atende à expectativa do homem. Mas, depois de algum tempo de casada, sente-se atraída por outros homens porque sua natureza busca gerar filhos com variedade genética. Querendo ceder à tentação, ela não pensa: "Agora que esse otário casou comigo vou lhe colocar um belo par de chifres." Não! Pensa algo razoável como: "Depois que a gente se casou ele não liga mais para mim e o fulano é tão atencioso..."

Não me entenda mal, muitos homens querem se casar e muitas mulheres são fiéis. O que apontei como auto-engano típico dos apaixonados é aquela convicção apressada que, logo no início do relacionamento, faz o homem imaginar-se pronto para o casamento e a mulher imune às tentações.

Homens e mulheres que não estão apaixonados também juram compromisso e fidelidade, mas são menos convincentes porque sabem que estão mentindo.

Engano

Somos facilmente enganados pelas armadilhas do amor porque, para preservar a espécie humana, nossa natureza quer acreditar em tudo que leve ao acasalamento.

Um pouco mais à frente você vai ver o depoimento de um rapaz com problemas conjugais que dá carona para uma colega de trabalho. Para falar de seu drama com privacidade, tem a brilhante idéia de irem conversar num motel. Ela concorda e, é claro, acabam transando.

Não sei até que ponto eles sabiam o que estavam fazendo, mas é bem possível que tenham acreditado que pudessem conversar a sós num quarto de motel sem que nada acontecesse.

Destreza física

As pessoas jeitosas são mais atraentes. Bons esportistas e dançarinos costumam ser especialmente sedutores. A aptidão física é sexy porque já foi fundamental para nossa sobrevivência: coletar alimentos, caçar e construir abrigos com ferramentas rudimentares exigia grande habilidade de nossos ancestrais.

Felizmente, ritmo, equilíbrio e agilidade podem ser aperfeiçoados. Meu amigo Hélio tinha fama de desajeitado. Quase não participava de eventos esportivos, mas quando o fazia trombava com os companheiros de equipe e tropeçava nas próprias pernas. Nas festas, as moças o evitavam ou dançavam com ele por compaixão. Diziam que era quase impossível acompanhá-lo.

Um dia ele resolveu aprender a jogar tênis. Determinado, entrou como sócio em uma academia, contratou professor particular e, de tanto insistir, acabou virando o melhor jogador dentre todos nós. Mais tarde decidiu aprender dança de salão. Com igual obstinação e anos de treinamento, tornou-se um exímio dançarino. Agora as mulheres amam dançar com ele.

Beleza

O que nossa natureza vê como "beleza" são os sinais físicos e comportamentais de boa saúde: simetria facial, pele macia, cabelos sedosos, bom corpo, alegria de viver, etc.

A beleza nos atrai porque procuramos pessoas que possam nos dar filhos saudáveis. Antes de existirem implantes de silicone, xampus e cosméticos, a beleza estava diretamente associada à boa alimentação e à saúde. Era preciso comer proteínas para ter cabelos bonitos, cálcio para ficar com bons dentes, gorduras para ter seios e nádegas fartos e assim por diante.

A vivacidade embeleza porque é um grande indicativo de boa saúde. Não é à toa que quando um filho está quietinho a mãe logo desconfia que esteja doente. E a simetria facial é atraente porque indica que a pessoa não tem má-formação congênita nem sofreu qualquer acidente ou doença grave que a deformasse. Você sabe por que as pessoas ficam mais bonitas de óculos escuros? Porque a perfeição industrial dos óculos reforça a simetria do rosto.

Felizmente, ninguém é absolutamente horrendo, todos têm alguma capacidade de sedução que pode ser aprimorada.

A mulher que não se considera bonita não deve se desesperar. Os homens não a vêem naquela foto horrível em sua carteira de identidade, mas sim ao vivo, falando, rindo, dançando... A alegria de viver é bela; autoconfiança, atenção e generosidade são incrivelmente sedutoras.

O homem que não se considera bonito também pode se tornar atraente. O sucesso masculino é fascinante para as mulheres, basta que ele se esforce – estude, trabalhe – e consiga se destacar em seu grupo.

Os atrativos do homem

Confiança, atenção, generosidade, auto-engano, engano, destreza física e beleza seduzem tanto mulheres quanto homens. A seguir chamo sua atenção para atributos especificamente masculinos.

Pênis grande

A propaganda faz parte da estratégia reprodutiva das espécies. O pavão macho, por exemplo, desenvolveu uma imensa cauda que, embora atrapalhe sua corrida e vôo, causa muito boa impressão. Já foi observado que os pavões de plumagens mais imponentes são sexualmente preferidos pelas fêmeas e temidos pelos outros machos.

Entre os humanos, o tamanho do pênis impressiona, embora não tenha qualquer função reprodutiva. O pênis humano médio, quando ereto, é exageradamente grande para suas funções. Ele é quatro vezes maior do que o do gorila, que tem o dobro de nosso volume corporal, e do que o do orangotango, que faz sexo se equilibrando na copa das árvores com uma variedade incrível de posições.

Quando os humanos andavam nus, um pênis avantajado devia atrapalhar para correr e saltar, mas era um símbolo bem visível de virilidade.

Até crianças ficam impressionadas quando vêem um pênis grande. Dando uma volta num clube hípico com minha filha Clarisse – na época, com sete anos de idade –, vimos um cavalo com o pinto de fora.

– Pai, o pinto dele é maior do que o seu! – comentou.

– Maior do que meu braço – respondi.

Era um imenso cavalo de salto. Seu corpo todo era monumental. Porém somente o tamanho do pênis despertou sua admiração.

Corpo atlético

As mulheres pré-históricas tinham boas razões para se sentirem atraídas pelos homens musculosos, pois o poder de proteger e sustentar uma família dependia, em grande parte, da força física. Ser musculoso significava ser saudável, ativo e trabalhador. Lembre-se de que o homem primitivo não malhava em academias nem tomava anabolizantes.

O corpo atlético também era uma indicação de que o homem era o chefe de seu bando ou poderia vir a sê-lo.

A mulher atual continua admirando homens musculosos, apesar de, no mundo moderno, a força física ter deixado de ser importante para o trabalho, ascensão social ou proteção familiar.

Posição social

A posição social masculina é um atrativo maior do que a beleza física. A beleza é indicativo de saúde, mas a posição social elevada prenuncia todas as qualidades que os chefes primitivos precisavam ter para dominar seus semelhantes: saúde, força, habilidade, esperteza e, sobretudo, poder.

A mulher moderna continua preferindo os poderosos aos bonitos. Secretárias se apaixonam por chefes e alunas por professores porque eles são os "machos dominantes" de seus grupos. Em contrapartida, as mulheres ficam inseguras de namorar homens socialmente inferiores. No depoimento que encerra este livro, uma moça de elevado estrato social se encanta por um rapaz "...alto, bonito, figura agradável e interessante... danado de inteligente, charmoso, carinhoso, tímido e atencioso...", mas fica insegura de namorá-lo porque ele "...não era rico nem vinha de uma família tradicional".

Homem rico

A mulher vê no homem rico uma garantia para sua sobrevivência e a de seus (futuros) filhos. Não importa que a mulher moderna seja independente. A natureza feminina é arcaica e continua querendo um homem capaz de prover a família.

O homem fica mais sexy em um BMW porque os instintos femininos percebem que, se ele pode se dar ao luxo de ter um item supérfluo desses, poderia facilmente sustentar uma família (ou outra, se já for casado).

Tenho uma baratinha BMW conversível de dois lugares, uma beleza. Desperta diferentes atenções. Os homens olham o automóvel; as mulheres olham para dentro da cabine, querem ver quem é o afortunado que está dirigindo.

Quando um homem dá um presente de grande valor material para uma mulher – jóias, por exemplo –, ele se faz ainda mais sexy do que o dono de um BMW, porque demonstra, num único ato, disponibilidade e generosidade.

Não é por acaso que a tradição brasileira manda que o homem, ao pedir uma mulher em casamento, a presenteie com uma aliança de ouro. Os norte-americanos dão um solitário de brilhante. Essa tradição, que vem do tempo em que as mulheres não se sustentavam, simboliza o comprometimento do homem em prover materialmente a mulher e a futura família. Parece-me claro que, se o casamento fosse um compromisso exclusivamente afetivo, o pedido deveria vir acompanhado de um símbolo romântico sem valor monetário, como uma declaração de amor ou um poema, por exemplo.

Homem maduro

A fertilidade masculina começa a declinar por volta dos 70 anos. Como na pré-história ninguém chegava a essa idade, todo homem saudável era fértil, velho ou moço. Portanto, as mulheres ancestrais que se sentiam atraídas pelos "coroas" engravidavam normalmente, tinham bebês saudáveis e passavam adiante seus genes.

As herdeiras modernas desses genes continuam se encantando pelos homens maduros. E, como dinheiro e posição social costumam vir com a idade, cabelos grisalhos são charmosos no homem.

Homem casado

O homem casado desperta interesse nas mulheres porque exibe uma evidente capacidade de constituir família. Lembre-se de que a monogamia é uma invenção recente da civilização. O fato de o homem ser casado não impede que as mulheres se interessem por ele.

A mulher casada, claro, não quer dividir seu homem, mas a natureza das outras não concorda com esse "egoísmo". Nas perguntas que virão mais à frente, tomei emprestado o questionamento de uma leitora da revista *Claudia* que ilustra o fascínio que os homens casados causam, principalmente nas mulheres que ainda não tiveram filhos. A moça se declara "certinha, fiel" e está há anos com seu primeiro namorado, que "morre de medo de casamento". Numa viagem, ela conhece um homem casado e se apaixona: "senti um frio na barriga", "não estou conseguindo controlar meus sentimentos".

Não é de se estranhar que uma moça que quer casar se apaixone por um senhor casado. Ser casado é, sem dúvida, a demonstração mais direta de aptidão matrimonial que um homem pode dar.

Os atrativos da mulher

A mulher atual tem demonstrado uma capacidade espetacular de adaptação ao mundo contemporâneo. Infelizmente, milhões de anos de seleção natural prepararam o homem para se enamorar pelo que há de mais arcaico na natureza feminina: inexperiência, recato e submissão, por exemplo. A face moderna da mulher muitas vezes assusta o homem.

Nádegas e seios

Crianças pequenas não comem alimentos crus. Antes de a humanidade descobrir o cozimento, infantes de até quatro anos de idade viviam exclusivamente do leite materno. O desgaste físico da mulher primitiva com a amamentação era enorme, comparável ao de atletas profissionais em fase de treinamento.

Nádegas e seios fartos excitam os homens porque a natureza masculina os vê como reservas de gordura essenciais para a amamentação (mulheres subnutridas têm seios e nádegas pequenos e murchos).

Aumentando o volume dos seios com sutiãs estruturados ou implantes de silicone, a mulher torna-se mais sedutora porque comunica uma saúde excepcional à natureza masculina. A expressão caiu em desuso, mas já houve tempo em que, ao ver passar uma mulher mais cheinha, o homem exclamava admirado: "Que saúde!"

Juventude

O homem prefere as mulheres jovens porque elas são mais férteis.

Nas condições de saúde do mundo ancestral, a diferença de fertilidade a favor das mais moças deveria ser ainda maior do que atualmente.

Alimentando-se de maneira saudável e fazendo exercícios com regularidade, as mulheres modernas conseguem manter saúde e aparência melhores do que seria esperado para suas idades. Além disso, têm uma infinidade de pequenos truques para disfarçar as marcas do tempo: cirurgias plásticas, cremes, maquiagens, tinturas de cabelo, clareamento de dentes, etc.

Apesar disso tudo, as mulheres não podem se iludir: a juventude é o maior atrativo feminino. Repare no comentário de um amigo cinqüentão que, quando está preso nos engarrafamentos, gosta de se distrair olhando as garotas que caminham pelas calçadas: "Nada é mais afrodisíaco do que o viço da juventude. Branca ou negra, gorda ou magra, alta ou baixa, olhos escuros, claros ou estrábicos, pernas finas ou grossas – sendo jovem me fascina."

A ciência estatística confirma a importância da juventude feminina na conquista do homem. A revista *Veja*[1] publicou em 2006 o resultado de projeção, feita no Brasil, cruzando dados do censo demográfico e do registro civil: entre as mulheres com 45 anos que estão solteiras, apenas uma em cada 10 conseguirá se casar de "papel passado" em algum momento no futuro. E, a partir dessa idade, a estimativa é ainda mais desalentadora.

Inexperiência

A mulher experiente em matéria de amor mostra que tem facilidade para arranjar homem, o que é um risco para os novos interessados. Ela incita desejo e medo de traição. E quanto maior o medo, menos vontade o homem terá de assumir um compromisso.

A inexperiência é uma "fraqueza" sedutora. A mulher inexperiente aparenta estar se resguardando para o homem certo. É um bom indício de fidelidade e, como tal, desperta interesse para o casamento.

Submissão

A submissão é outra "fraqueza" sedutora na mulher. Também sinaliza fidelidade. A mulher que alardeia que faz o que quer aparentemente também transa com quem quer. E isso é ameaçador demais para o homem que procura uma companheira.

Esse aspecto da feminilidade é realmente complexo. A mulher tem que ser segura na vida profissional, autoconfiante nas mais diversas situações e, ao mesmo tempo, submissa ao homem de seu interesse. Difícil, mas nem tanto.

É notório que as mulheres têm mais competência emocional do que os homens. Muitas delas, seguras dessa superioridade, conseguem administrar uma aparente submissão sem comprometer sua paz de espírito: cedem, sem pudor, quando têm que ceder; "abrem mão" do que não lhes interessa como se abdicassem de algo valioso, e quando têm de fazer o homem ceder fazem-no com tal habilidade que ele se sente orgulhoso da própria generosidade.

O grande dilema da mulher atual é que seus sentimentos, de natureza arcaica, valorizam o homem dominante; mas sua ideologia moderna não admite ser dominada.

"Loura-burra"

Não sei quem inventou essa alcunha, se uma mulher incomodada com o sucesso da rival ou um homem frustrado por uma recusa humilhante. Sei que esse título pejorativo na realidade designa moças que sabem explorar a predileção dos homens pelas mulheres mais novas. O cabelo louro, por ser muito mais freqüente em crianças do que em adultos, transmite uma mensagem de juventude que elas reforçam com um comportamento claramente juvenil.

O modo infantilizado de falar e a dificuldade para entender sarcasmos e piadas maliciosas podem parecer burrice ao nosso intelecto, mas aos instintos sexuais masculinos dão a impressão de jovialidade. Sinal da imaturidade própria dos jovens, não de burrice.

Isso não é uma descoberta recente. O mito Marilyn Monroe foi todo construído sobre o fascínio do homem pela "loura-burra". *Os homens preferem as louras*, de 1953, é um filme exemplar: Marilyn interpreta a vedete Lorelei. Ela é sexy no palco, mas em particular é doce e infantil. Enlouquece os homens. O milionário, pai de seu noivo, se opõe ao casamento. Quando Lorelei argumenta, tentando convencê-lo a mudar de idéia, deixa-o perplexo: "Sabe, disseram-me que você era burra. Você não me parece burra." Ela retruca: "Sei ser esperta quando importa, mas a maioria dos homens não gosta."

Em alguma medida todos procuramos esconder nossas ignorâncias e incompreensões. "Louras-burras" são mulheres que percebem que escondendo menos agradam mais aos homens, fazendo com que eles se sintam superiores. Nem toda "loura-burra" é meticulosamente construída como foi Marilyn Monroe; a maioria age intuitivamente, de acordo com sua sensibilidade.

Mulheres muito espertas passam uma imagem de experientes, vividas, de mais velhas. E "louras-burras" não querem parecer velhas.

Mulher "recatada"

No mundo primitivo, o recato da mulher era a maior garantia do homem de que seriam exclusivamente seus os filhos nascidos da união. O recato da mulher é entendido pela natureza masculina como uma oferta de exclusividade; em troca, o homem oferece seu investimento na família (o casamento).

A natureza masculina não mudou. A crença na fidelidade da mulher continua sendo essencial para motivar o homem a se casar. A postura recatada da mulher transmite ao homem uma mensagem de fidelidade muito mais concreta do que quaisquer juras que ela possa fazer.

A mulher não nasce recatada ou oferecida. Quando ela se sente constantemente valorizada, sua natureza "percebe" que não lhe faltará homem para constituir família e a faz recatada para não assustar os pretendentes com o medo da traição.

Mulher "oferecida"

Quando a menina cresce desvalorizada, sua natureza "teme" que ela não consiga conquistar o compromisso de um homem e a faz "oferecida" para atrair ao menos aqueles que estão em busca de aventuras.

A atitude oferecida deixa claro à natureza masculina que a mulher não lhe dará exclusividade. O homem desconfia que a mulher gosta mais de sexo do que dele e, com medo de ser traído, não quer se casar.

As revistas de "celebridades" são verdadeiros catálogos de mulheres "oferecidas" anunciando suas qualidades e disponibilidades. Em um número, a moça sai em fotos sedutoras sob a manchete: "Fulana em busca de um novo amor." Em outro, aparece: "O casamento de fulana." Meses depois, ela está novamente "Em busca de um novo amor". Quem consultar uma coleção dessas revistas verá que a busca é incansável.

Embora as reportagens chamem esses encontros de namoros ou casamentos, quase sempre é aquele "me engana que eu gosto" de ambas as partes: ele prometendo compromisso e ela jurando fidelidade.

Por que tantas moças bonitas, ricas e famosas são "oferecidas"? Elas são inseguras porque almejam o mundo dos bem-nascidos, do qual não se julgam merecedoras. A "nobreza" – a posição social consolidada – exerce grande fascínio nas mulheres. Marilyn Monroe, bela e oferecida, conseguiu momentos de carinho do "nobre" presidente Kennedy, mas nunca conseguiu ser aceita na classe social dele. Grace Kelly, que simplesmente por ser artista e de acordo com os padrões da década de 1950 devia ser considerada "oferecida", ao saber do interesse do Príncipe de Mônaco, tornou-se um exemplo de recato e abandonou a profissão. Virou princesa e gerou descendência nobre.

A estratégia "oferecida" é mais eficiente para atrair os homens, e a "recatada" é melhor para retê-los. Grace Kelly foi extremamente hábil, pois soube usar o que cada estratégia tem de melhor.

Mulher vulnerável

O uso da força bruta para obter sexo não consentido é uma estratégia reprodutiva comum a várias espécies animais em que o macho é mais forte do que a fêmea – inclusive na nossa. É por isso que o estupro, esse crime hediondo, pode ser excitante para alguns homens. Sem ter consciência do que faz, a "mulher vulnerável" desperta esse instinto.

Na natureza, todo predador escolhe a presa menos capacitada a lhe escapar. Um leopardo, por mais que seja superior a todos os cervos, jamais ataca o macho dominante da manada, escolhe sempre um filhote ou um adulto combalido.

A sandália instável com salto altíssimo, que impossibilita a mulher de correr, comunica aos homens que ela não tem como fugir. A minissaia deixa claro que o único obstáculo à vagina é a frágil calcinha. E a blusa de barriguinha de fora e alças fininhas, usada sem sutiã, avisa que basta um puxão para a vítima se desnudar.

A mulher que se veste assim está despertando o desejo masculino pela variante do estupro. Se cruzar apenas com homens de suficiente força moral, tem boas chances de ser abordada de forma gentil, como deseja. Mas vai correr sério risco de ser estuprada se tiver a infelicidade de se deparar com um homem de moral deficiente e baixa auto-estima, que se julgue incapaz de seduzi-la.

A forma indefesa da vítima se vestir não atenua a gravidade da falta do estuprador, mas, sem dúvida, aumenta a probabilidade da ocorrência do delito.

Mulher do próximo

As duas estratégias reprodutivas da natureza masculina são constituir família para investir na criação dos filhos e fazer sexo "sem compromisso" para não investir. Mulheres solteiras são mais atraentes para os homens à procura de matrimônio, mas as casadas são as preferidas dos que não podem se comprometer: solteiros incapazes de prover uma família e casados.

Essa atratividade da mulher casada é resultado da seleção natural. Para relembrar como ela atua, vou me reportar à seleção genética na criação de animais. Quando querem desenvolver uma raça de cães negros, os criadores selecionam para cruza somente os filhotes mais escuros de cada ninhada, centenas de vezes, até que nasçam apenas espécimes pretos. O mesmo processo é usado para criar cavalos de corrida velozes, gado bom produtor de leite, etc. A diferença na seleção natural é que não há criadores, os próprios atributos físicos e comportamentais do animal determinam quem vai conseguir se reproduzir e garantir a sobrevivência dos filhos.

No mundo primitivo, os homens que seduziam mulheres solteiras mas não se casavam com elas tinham dificuldade de perpetuar seus genes, pois era raro o filho de uma mãe solteira sobreviver. Já os que preferiam as casadas geravam filhos em famílias constituídas, com boas chances de sobrevivência. Foi dessa forma que se desenvolveu a predileção pela "mulher do próximo" no instinto masculino.

Cabe lembrar que o poder de sedução da mulher é resultado de uma soma de atributos. Ser casada (ou solteira) é apenas um deles.

Depoimento

O homem se excita com a mulher casada porque sua natureza arcaica quer que ele gere filhos com boas chances de sobrevivência, sem precisar investir em sua criação. As mulheres têm que ficar atentas, pois esse instinto sovina ainda sobrevive no homem moderno, como você vai perceber no depoimento a seguir.

Sexo sem investimento

Carlos, 56 anos, prefere a "mulher do próximo" às solteiras.

Nasci no interior e aos 15 anos fugi para tentar a vida em São Paulo. Quando saí de casa, não tinha sequer o curso primário completo. Com esforço, estudei em cursos supletivos e graças ao crédito educativo completei o nível superior. Formei-me em Direito, mas nunca exerci a profissão.

Fui engraxate, feirante, guardador de carros e algumas outras coisas até entrar no negócio de carros usados, em que finalmente ganhei dinheiro. Quando senti que meu negócio estava começando a declinar, tomei uma decisão drástica: vendi tudo, apliquei o dinheiro apurado e passei a viver de rendimentos financeiros. Virei capitalista!

Eu ainda era pobre quando me casei com a menina mais bonita da vizinhança. Sua beleza não durou muito. Na primeira gravidez ela engordou, ficou matronal e nunca mais voltou a ser o que era. Depois, à medida que ganhava dinheiro, fui ficando mais sofisticado e ela não me acompanhou. Então nos separamos. Ela é uma boa pessoa, mas não tem mais nada a ver comigo.

Agora estou como o diabo gosta: livre, leve e solto. De início, namorei algumas moças solteiras, mas elas estão sempre querendo mais. Quando vamos ao teatro, querem ir jantar. Se vamos jantar, querem ir para minha casa. Se as levo para casa, querem ficar para dormir. Nunca as deixei passar a noite, com medo de que não quisessem mais sair.

Todos essas vontades da mulher solteira atendem a uma única demanda da natureza feminina: conseguir o comprometimento do homem para formar uma família na qual possa gerar e criar filhos.

Parei com as solteiras e comecei a experimentar as casadas. Estou gostando. Elas são menos difíceis de satisfazer. Não me comparam com o homem ideal que têm em mente nem com aquele sedutor maravilhoso com quem tiveram um breve caso. Comparam-me com um marido desgastado pela rotina. Não há como eu me sair mal. Além de tudo, as casadas são muito mais econômicas. Como não podem aparecer em público comigo, não gasto um tostão em restaurante, cinema ou teatro. Tudo isso fica a cargo de seus maridos.

Carlos e suas amantes nada mais fazem do que se deixar levar pelas forças da natureza: a dele quer gerar filhos na "mulher do próximo"; a delas busca variedade genética e excelência para suas proles. Mas eles frustram os objetivos da natureza usando preservativos.

---

1 "As chances de casar", *Veja*. Rio de Janeiro: Editora Abril, 29 de novembro de 2006.

As relações

Muitas pessoas insistem em atribuir as principais diferenças entre homens e mulheres às influências da família e da sociedade. Não concordo. Não posso crer que, se as meninas fossem criadas como os garotos, mais tarde agiriam como homens. Ou seja, se estimuladas a jogar futebol, assistir a lutas marciais e coisa e tal, quando adultas teriam facilidade para fazer sexo sem envolvimento e ficariam excitadas com o passar de um "louro-burro" – jovem gostoso que, querendo ser sustentado, se faz de bobinho.

A galinha se comporta como galinha porque é fêmea e o galo como galo porque é macho. O mesmo ocorre com a leoa e o leão, a abelha e o zangão. Os comportamentos amorosos do homem e da mulher também são diferentes basicamente porque um é macho e a outra é fêmea.

A seguir mostro que, embora sejamos inteligentes, nossos sentimentos continuam obedecendo às estratégias reprodutivas da espécie.

Paixão

A paixão é uma emoção passageira. Depois de unir as pessoas para fazê-las procriar, precisa extinguir-se para dar espaço afetivo aos filhos e permitir maior dedicação na luta pela sobrevivência. Um milionário que não precise trabalhar poderia permanecer indefinidamente apaixonado. Mas pessoas normais têm de dar duro para manter suas famílias, não podem ficar muito tempo com "a cabeça no mundo da lua".

A paixão é efêmera. Não há o que fazer para estendê-la além de seus próprios limites. Ela termina quando menos se espera, muitas vezes sem causa aparente e de forma desencontrada. Enquanto um parceiro permanece enamorado, inseguro com a frieza do outro, este se questiona: "Vale a pena insistir na relação se o amor acabou?"

A paixão pode acabar em desespero, em violência, em separação civilizada ou dar início a um verdadeiro amor. Na medida do possível, é preciso encarar o fim da paixão com tranqüilidade. Fazer exercícios físicos ajuda. Mais adiante você encontrará o depoimento de uma moça que conseguiu calma para vencer uma crise conjugal correndo na praia.

Saber que a paixão acaba porque é de sua natureza ser breve não diminui a saudade dos tempos em que o coração batia descompassado e as pernas bambeavam. Mas para revivê-los é preciso uma nova paixão que, se acontecer, também será fugaz.

Casamento

Com a invenção dos métodos anticoncepcionais modernos pensou-se que finalmente as pessoas estariam livres para fazer sexo. Sem filhos, não haveria compromissos, seria pura diversão. Mas o "amor livre" decepcionou – os ciúmes, culpas e mágoas teimaram em subsistir. Por quê?

Práticas anticoncepcionais como o sexo oral, anal e a masturbação existem há milênios. A humanidade já estaria extinta se nossa natureza não agisse com rigor punindo e premiando as pessoas de acordo com os interesses reprodutivos da espécie.

As dores de amor são castigos biológicos. A mulher sofre toda vez que não consegue atender aos interesses multiplicadores de sua natureza e o mesmo ocorre com o homem.

Para nos motivar a gerar filhos, a natureza inventou o desejo, o prazer e a paixão. Para nos incentivar a criá-los, o amor, a felicidade e o casamento (a união estável entre os sexos).

O casamento é o procedimento natural de maior sucesso para a criação de filhos. Por isso as pessoas casadas são mais felizes. E as felizes casam-se mais e permanecem casadas por mais tempo. É o que apuram as pesquisas. Claro que a vida conjugal não é um paraíso, mas é melhor do que a de solteiros e descasados.

O casamento faz mais falta à felicidade da mulher porque, no mundo primitivo, não casar era uma alternativa reprodutiva pior para ela. As chances de uma mãe solteira conseguir criar um filho eram mínimas. Já o solteiro que engravidasse 10 mulheres praticando sexo casual teria 10 vezes mais chances de deixar descendência. E se arranjasse uma amante casada suas probabilidades seriam ainda maiores.

Sexo sem compromisso

Fazer sexo sem envolvimento emocional é fácil para o homem porque ele se sente livre para partir se quiser. Para a mulher (não casada) é difícil porque, inconscientemente, ela teme engravidar e ter de arcar sozinha com as conseqüências. Ela prontamente se envolve para motivar o envolvimento recíproco do companheiro, que o fará permanecer a seu lado.

Esses sentimentos foram herdados dos primórdios da humanidade, quando nem se conhecia a relação de causa e efeito entre o ato sexual e a gravidez. Mulheres tinham filhos espontaneamente, como árvores davam frutos (a descoberta da reprodução sexuada dos vegetais foi ainda posterior). Quando a mulher conseguia obter o envolvimento emocional do homem, eles tinham filhos e viviam em família. Sem envolvimento, o homem não somente repudiava a mulher ao se cansar dela como fazia isso de consciência tranqüila. Se a visse grávida depois de alguns meses, nem se imaginaria responsável por aquele "ato dos deuses".

Entrevistando uma psicanalista na TV, a jornalista Marília Gabriela comentou que uma amiga contratara um garoto de programa e se apaixonara por ele. A história não surpreende: a mulher solteira está sempre pronta para se envolver. Não foi dito, mas presumo que estivesse solteira.

A mulher casada sente atração por outros homens para obter variedade genética para sua prole. Consegue fazer sexo sem se envolver porque já tem um homem, mas corre o risco de se apaixonar se encontrar um provedor aparentemente melhor do que seu marido. Voltando ao caso da amiga da jornalista: presumi que estivesse solteira porque, se fosse casada, dificilmente veria no garoto de programa um "pai de família" melhor do que seu marido.

Namorar e "ficar"

Namorar prepara para o casamento e "ficar" é um treino para o sexo sem compromisso. Tanto um quanto o outro são bons para a formação do homem. Ao "ficar" com uma moça diferente a cada ocasião, o rapaz ensaia o sexo sem compromisso, que é a estratégia reprodutiva apropriada para sua idade. Com o namoro ele exercita responsabilidades típicas da vida adulta que se aproxima.

Conseguir o compromisso de um rapaz reforça a confiança da menina na própria feminilidade – namorar lhe faz bem. "Ficar", não. "Ficar" é uma experiência frustrante que pode abalar sua auto-estima. Trocar carícias com um rapaz à noite e ser tratada com indiferença no dia seguinte fere seus sentimentos. Vê-lo nos braços de outra na próxima festa, também. Momentos de intimidade provocam esperanças de compromisso na mulher solteira – é a reação normal da natureza feminina.

Traição feminina

Depois de ter conseguido um homem provedor, o próximo objetivo da natureza feminina é melhorar a carga genética de sua descendência. Por isso as mulheres casadas sentem desejos por outros homens e uma parte delas trai os maridos.

Testes de DNA feitos em sociedades conservadoras mostram que cerca de 10% dos filhos não pertencem aos supostos pais. Em sociedades mais abertas essa estimativa é ainda maior. São mães que engravidam em relações extraconjugais, mas conseguem manter o devido sigilo para continuarem "recatadas" aos olhos do marido. Você algum dia imaginou que, numa reunião de colégio com 20 pais, provavelmente dois ignoram que não são pais biológicos da criança que representam?

As mulheres não são tão promíscuas quanto esses números sugerem. Estudos mostram que elas ficam mais propensas à traição nos dias férteis e que, nessas ocasiões, costumam se descuidar dos preservativos.

Traição masculina

A natureza do homem quer fazer filhos em muitas mulheres para aumentar sua descendência. Não importa que sejam suas, de outros homens ou solteiras, desde que sejam muitas. Uma única mulher, por melhor que seja, não satisfaz os desejos do homem. Para ser fiel, ele precisa de temperança (determinação e autocontrole).

Um agravante comum à infidelidade masculina é que o homem já comprometido sente mais atração por mulheres casadas. Mais grave é quando cai em tentação com a mulher de um amigo ou parente, em um único ato ele trai duas pessoas de sua intimidade.

Traições diferentes

Para evitar que o homem primitivo desperdiçasse seus recursos criando por engano filhos de outros homens, a natureza masculina desenvolveu verdadeira obsessão pela fidelidade sexual da mulher. O homem sente-se traído quando sua mulher faz sexo com outros parceiros. Sexo. Envolvimentos afetivos, espirituais ou de interesses comuns não o incomodam, desde que não levantem suspeitas de relacionamento sexual.

Quando tentei aprender a jogar tênis conheci um casal um pouco mais velho que freqüentava a mesma academia. Ela tinha aulas. Ele a acompanhava, mas não demonstrava maior interesse pelo esporte: batia papo, tomava cerveja, incentivava-a, mas nunca entrava em quadra. Depois iam embora juntos. A mulher tinha uma admiração apaixonada pelo nosso professor. Não podíamos fazer uma crítica a ele, por mais insignificante que fosse, que ela logo se exaltava em sua defesa. O marido não se perturbava. Não sei o final da história porque desisti do tênis, mas enquanto estive por lá a situação não se alterou: ela platonicamente apaixonada e o marido tranqüilo.

A mulher está sempre segura de sua maternidade, independentemente do comportamento do parceiro. Ela tende a perdoar a infidelidade estritamente sexual, mas sente-se muito mais traída quando o homem se envolve emocionalmente, pois teme perdê-lo para a outra. Esse sentimento arcaico vem de um tempo em que perder a dedicação do homem colocava em sério risco a vida da mulher e de seus filhos.

Os sentimentos de ciúme e traição continuam existindo no mundo moderno, ainda que desprovidos de suas funções originais. A mulher independente, que não precisa do marido para seu sustento e proteção, também sofre se ele se envolve com outra. E o homem sexualmente traído fica transtornado e reage com violência, mesmo sabendo que sua mulher usa anticoncepcional e não corre risco de engravidar.

Amantes

Estudos recentes sobre variedade genética mostram que o ser humano moderno descende de uma enorme quantidade de mulheres e de (relativamente) poucos homens. Para isso acontecer, alguns homens primitivos deviam ter muitas mulheres e outros nenhuma, como acontece nas comunidades de gorilas, leões, hipopótamos, etc., onde cada grupo tem um macho dominante, senhor de todas as fêmeas.

É a herança genética desses tempos primitivos que permite ao homem, e não à mulher, sentir-se emocionalmente confortável tendo amantes. Ele descende de gerações de homens que tiveram muitas mulheres, ela de gerações de mulheres que pertenceram a um único homem. A mulher casada pode trair o marido ocasionalmente, ter casos breves, mas sua natureza não aceita mais de um compromisso amoroso permanente.

Não é o caso da mulher solteira que se envolve com um homem casado. Ela tem amante, mas não tem marido, não vive um enlace duplo. A existência de amantes é conseqüência da monogamia imposta por lei. Os homens poderosos – que fizeram as leis – abriram mão do direito de ter várias mulheres para evitar as revoltas da maioria sem sexo que, com o aumento da população, se tornavam cada vez mais freqüentes e violentas.

Separação

Não é próprio da natureza feminina ter dois homens indefinidamente. A mulher que tem um amante quase certamente deseja se casar com ele. Nem sempre se separa, pelas dificuldades práticas que envolvem a situação: o possível sofrimento dos filhos, a perda de conforto material ou simplesmente porque o amante não quer se casar com ela.

A natureza do homem é polígama, ele prefere agregar amantes a trocar de mulher. Um novo amor não costuma ser razão suficiente para o homem querer se separar, a menos que sua mulher não esteja mais em idade fértil e seus filhos estejam criados. Aí, sem função no ciclo de preservação da espécie, a mulher fica mais suscetível de ser abandonada.

A menos que a situação se torne intolerável, a mulher não costuma abandonar seu marido sem antes ser acolhida por outro homem. A idéia de se separar é dolorosa. Causa um desconforto que tem raízes no mundo ancestral, perigoso demais para uma mulher desacompanhada viver e criar filhos.

Depoimentos

Quando falei sobre a paixão, disse que ela é necessariamente breve e que é impossível prolongá-la. Mas Marco encontrou uma solução para ficar eternamente apaixonado.

O FOGO DAS PAIXÕES

Marco, 45 anos, viciado em paixão.

Criei um serviço de telemarketing quando poucos pensavam nisto. Com a grande expansão dessa atividade econômica no país, minha empresa desenvolveu-se e ficou importante. Finalmente foi comprada por um grupo empresarial estrangeiro por milhões de dólares. Agora sou "jurista", vivo de juros.
Eu me casei muito cedo. Apesar de estar casado há mais de 20 anos, ainda sou jovem. Não consigo me conformar com a preguiça da minha mulher na cama, sinto-me mendigando por minhas vontades.
Modéstia à parte, sou rico, bonito e tenho todo o tempo do mundo. Estou me dedicando de corpo e alma a dois esportes: o golfe e as conquistas amorosas. Por mais que me esforce, ainda não demonstrei qualquer habilidade especial para o golfe, mas tenho me saído bem com as mulheres.

Os homens gostam de se gabar de suas conquistas amorosas e algumas vezes o fazem com desfaçatez.

Depois de tantos anos de casado, foi maravilhoso me apaixonar novamente. A garota parecia incansável na cama, satisfazia todos os meus desejos. Mas deixei o tempo passar e ela foi ficando preguiçosa, quase igual à minha mulher. Agora aprendi: não dá para acomodar; se o caso esfria um pouquinho, o negócio é acabar logo com ele. Eu sofro, a mulher fica desconsolada, mas é melhor assim. Abre espaço para uma nova paixão que, se você estiver disposto, logo, logo aparece. Meu único medo é encontrar uma maluca igual à personagem da Glenn Close no filme *Atração Fatal*.
Não viu o filme? É velho (1987), mas é bom, vale a pena assistir.

Marco encontrou sua fórmula para a "paixão eterna": emendar

paixões com a sofreguidão do fumante que acende o novo cigarro na brasa do anterior.

A grande maioria dos casais que não conseguem ter filhos se separa. A natureza se encarrega de matar o amor entre eles para que tentem a sorte com outros parceiros. Mas isso não acontece sem sofrimento. Veja o depoimento a seguir.

DUPLA INFIDELIDADE

Galvão, 30 anos. Valéria, 29. Casados. Um traiu o outro.

Eu e a Valéria tínhamos uma vida econômica confortável. Sou engenheiro com cargo de chefia numa grande multinacional e ela é diretora das empresas da família, futura herdeira de uma fortuna considerável. Estávamos casados há anos e não conseguíamos ter filhos.

Freqüentamos várias clínicas especializadas em fertilidade, algumas no exterior. Somente quem passou por esse calvário sabe como os tratamentos são desgastantes para o casal. O sexo deixa de ser um prazer e se torna um dever. Tudo era controlado na nossa vida sexual, inclusive os dias, horários e posições em que deveríamos ir para a cama:

"Vamos testar o tempo de vida e a mobilidade de seus espermatozóides no corpo dela. Faremos medições 6, 18 e 24 horas após o coito. Vocês vão fazer sexo hoje às 14 horas, com uma tolerância máxima de 15 minutos. Utilizem a posição frontal 'papai-e-mamãe' para o intercurso ser mais profundo. Desta vez ela não precisa 'plantar bananeira' após a relação, vamos ver como os espermatozóides chegam ao útero sem a ajuda da força da gravidade. Valéria, você deve retornar ao hospital para coleta de material hoje às 20 horas e novamente amanhã às 8 e às 14 horas."

Você não imagina como é romântico fazer "amor" assim. Chegou uma época em que eu nem sabia se ainda queria ter filhos. O tratamento de esterilidade virou uma paranóia tão grande que engravidar a Valéria passou a ser um desafio para mim. Todo mês era uma verdadeira gincana. Quando sua menstruação vinha, sentia-me pessoalmente derrotado. E ela ficava deprimida.

Galvão pensa que a artificialidade imposta ao ato sexual deles foi a principal causa da desarmonia no casal. Na verdade, a demora em ter filhos já havia corroído o amor. E, com menos amor, a tolerância diminui.

O baixo-astral na minha casa estava insuportável. Não agüentava mais fazer sexo por obrigação. Acabei arranjando uma namorada no trabalho: Anna. Que diferença! Ir para a cama com ela era leve e divertido.

Finalmente, Valéria e eu tivemos uma filha. Continuei namorando a Anna, sem maiores problemas, durante três anos. Quando achei que tinha conseguido conciliar mulher, filha e namorada, Valéria descobriu tudo. Não fez escândalo. Apenas revelou que também tivera um caso, bem na época em que lutávamos contra a esterilidade.

O amor tende a morrer nos casais estéreis para que os dois fiquem livres e procurem novos parceiros para procriar. Foi o que, inconscientemente, tanto Valéria quanto Galvão fizeram.

Fiquei possesso. Descontrolado. Como aquela filha-da-mãe pôde fazer isso? Namorar outro enquanto a gente comia o pão que o diabo amassou para ela engravidar. Embora a menina fosse a minha cara, exigi um teste de paternidade: era minha filha. Mas nosso casamento estava arruinado, nos separamos num clima péssimo.

Em seguida, casei-me com a Anna e também tivemos uma menina. Tomei horror pela Valéria, mal a vejo quando vou pegar nossa filha.

A pior traição para a mulher é o marido se envolver afetivamente fora do casamento, e para o homem é ela ir para a cama com outro. Foi exatamente o que Galvão e Valéria fizeram.

Outro caso de crise conjugal:

DON JUAN SEM ESPADA

Quando essa história começou, Viviane e Arthur tinham 28 e 32 anos, respectivamente. Passaram por um drama, mas o casamento sobreviveu.

Viviane:
> Eu e o Arthur formávamos um belo casal, éramos jovens e bonitos. Estávamos casados há cinco anos e ainda não tínhamos filhos.

Outro casal que está demorando a ter filhos. Crise à vista!

> Meu gerente era um grande sedutor, vivia distribuindo amabilidades para as subordinadas. Não era bonito. Casado, morava com mulher e filhos.
> Um belo dia começou a me cercar de atenções especiais. Alguns almoços a sós, uns toques "involuntários" de mãos... quando me dei conta, estava apaixonada.

É difícil resistir às investidas de diretores e gerentes. Eles são muito desejados porque a natureza feminina (arcaica) os vê como chefes de bando.

> Em casa, meu cotidiano andava chatinho. Voltava tarde do trabalho e, depois de enfrentar trânsito, cansada, vinha a rotina: esquentar comida, jantar sozinha, ver televisão. O Arthur trabalhava até

tarde. Quando chegava, se eu ainda estivesse acordada, a conversa não fluía, os assuntos não me interessavam. Claro, eu não podia comentar sobre minha paixão.

A grande prioridade na vida do Arthur era sua carreira, que ia de vento em popa. Era freqüente surpreendê-lo pensativo, arquitetando alguma solução criativa para o trabalho. Decididamente, eu não era o principal motivo de sua atenção.

À noite, antes do Arthur chegar ou quando ele se recolhia para fazer o trabalho que trazia para casa, eu ficava em frente à televisão devaneando, revivendo palavras e gestos de amor. Amor platônico, pois o sexo demorava a acontecer.

Numa oportunidade, tomei a iniciativa. Estávamos juntos no trabalho examinando uma questão quando meu chefe pegou minha mão. Olhei-o nos olhos e disse resoluta: "Eu não quero sua mão, quero ir para a cama com você. Vamos? Agora?" Foi minha primeira desilusão. Naquele momento nada nos impedia de sair, mas ele titubeou: "Acho melhor não. Hoje, não."

Viviane era uma mulher casada, já tinha conseguido um homem "protetor-provedor". Mas sua natureza queria filhos. Ainda mais com a qualidade genética de um "macho chefe de bando".

Finalmente chegou o dia. Fomos para a cama. Trocamos carícias, mas não pudemos nos amar completamente porque não houve jeito de ele conseguir uma ereção, por menor que fosse. Nos encontros seguintes, o problema se repetia.

Eu tinha me apaixonado pelo meu chefe, virado sua amante, descoberto que ele era impotente, e, como se não bastasse, meu marido desconfiou e pressionou. Acabei confessando.

Arthur:

Fiquei arrasado. Naquela época eu também era paquerado, mas por fidelidade ou sossego nunca tinha traído a Viviane.

A situação de marido traído, de vítima, era insuportável. Não sabia o que fazer: abandonar minha mulher? Bater nela? Não! Eu a amava, ou pelo menos acreditava que sim antes de ela me trair. No dia seguinte, dei carona para uma colega na volta do trabalho. Eu não conseguia prestar atenção nos assuntos que ela puxava com a revelação da véspera martelando minha cabeça. De repente, a conversa morreu. Durante o silêncio, tomei coragem e disse que queria conversar sobre um assunto delicado que me afligia. Mas não às pressas, no tempo curto de uma carona; era coisa séria, eu precisava de calma e privacidade. "Está bem, aonde você quer ir?", ela acedeu, acolhedora.

Uma idéia ousada passou pela minha cabeça: "Tem um motel aqui perto. Você se incomodaria se a gente fosse para lá? Se você não ficar constrangida, é o lugar ideal. Cem por cento de tranqüilidade e privacidade." Eu sabia que ela estava noiva e de casamento marcado, mas para minha surpresa concordou. Talvez tenha achado mais seguro matar sua curiosidade entre quatro paredes para evitar o risco de ser vista conversando a sós com um homem em tom de segredo.

A natureza de ambos conspirava para procriar. A dele com mais razão: seu casamento não produzia filhos e, se produzisse, poderiam não ser seus.

No início, ficamos meio encabulados naquele quarto de motel. Conversávamos amenidades, nos preparando para entrar no assunto principal, quando um clima de intimidade e conivência nos envolveu: nos acariciamos, nos excitamos, nos despimos e, naturalmente, fomos para a cama.

Depois desse meu rito de passagem para a infidelidade, foi fácil começar um caso com outra moça, casada como eu. Durou um bom tempo e me ajudou a suportar as dificuldades com a Viviane.

Viviane:

Eu gostava muito do Arthur, mas estava apaixonada pelo outro e pronta para viver plenamente minha paixão. Naquela época, se ele tivesse proposto, acho que eu abandonaria meu marido para viver com ele.

A mulher é monogâmica por natureza. Depois de algum tempo de experiência, seus sentimentos tendem a escolher um dos homens. O que não significa que, na prática, ela possa ficar com ele e se livrar do outro.

Entretanto, seu comportamento me confundia. Dizia-se perdidamente apaixonado, mas sua iniciativa ficava muito aquém das minhas expectativas: não propunha compromisso, nem ao menos uma loucura romântica do tipo "Vamos desaparecer por uma semana e ficar namorando numa praia deserta?".

Meu psicanalista só piorava as coisas. Insistia em analisar os acontecimentos de forma totalmente moralista. Para ele, meu marido era o máximo e eu uma traidora imperdoável. Aquela combinação era de enlouquecer: um marido apaixonado pelo trabalho, um amante que seduzia mas não evoluía e um analista que me condenava.

Eu tinha um enorme sentimento de culpa por "dirigir" minha paixão para o homem errado. Caí em depressão. Não conseguia me alimentar nem dormir direito. Fiquei péssima, exausta. Sofri como um boi ladrão.

Um dia, conversei sobre esse assunto com meu irmão e, com a força que ele me deu, troquei de analista. Não sei se comecei a melhorar depois disso ou se consegui trocar de analista porque já vinha melhorando. O fato é que aos poucos, não sem recaídas, as coisas foram entrando nos eixos.

Viviane, como todos nós, herdou seus sentimentos de um tempo primitivo em que homens impotentes não eram férteis. A própria natureza que a fez sair em busca dos filhos que não conseguia no casamento arrefeceu seu amor pelo amante depois que ele se mostrou incapaz de fazê-la conceber.

> Mudei de emprego. Passado algum tempo, soube pelas antigas colegas que meu ex-chefe teve outros casos, mas na hora "H" nunca conseguiu funcionar. Foi bom saber que não aconteceu só comigo.

Arthur:
> Você pode imaginar como essa época também foi difícil para mim. Não é fácil ver sua mulher sofrer de paixão por outro homem e permanecer a seu lado.
> Uma coisa eu não entendo: como esse cara pode ser um Don Juan... sem espada?

A dupla infidelidade, neste caso, teve atenuantes: o envolvimento do marido fora do casamento foi prolongado mas superficial, a julgar por seu relato desapaixonado; e a esposa não foi penetrada pelo amante. Agora, a resposta à pergunta final de Arthur: as mulheres se apaixonavam por um chefe sedutor e somente depois descobriam sua impotência.

A seguir, um exemplo de como é mais fácil para o homem ter amante. Vê-se que Rodolfo está confortável com duas mulheres, mas sua amante, não. Ela largaria o marido e se casaria com ele se pudesse.

AMANTE ANTIGO

Rodolfo, 40 anos, um homem bonito e atlético que ficou indignado com o ciúme de sua amante.

Eu fiz aquela clássica besteira: saí de casa, larguei mulher e dois filhos porque me apaixonei pela secretária. Não me casei com ela, mas íamos a festas, viajávamos, saíamos com amigos, sempre juntos.

Ela tem uma grande amiga, bem casada, com quem me encontro de vez em quando. Mas é só sexo, nós nunca saímos juntos, nunca tomamos um chope a sós ou fomos ao cinema. Quando surge uma oportunidade, ela me telefona; se posso e estou a fim, a coisa acontece; do contrário, não.

Desde que fomos apresentados, ela deixou claro que me queria. Se ficávamos sozinhos, ela me cantava sem o menor pudor, nem parecia amiga da minha namorada. Eu ficava na minha para evitar encrenca. Mas como já dizia Zorba, o grego: a única coisa que Deus não perdoa é uma mulher te chamar para a cama e você recusar. Acabei cedendo à persistência da moça.

Com o passar do tempo, meu namoro com a secretária foi esfriando e acabou. Reatei com minha mulher e voltei para casa, mas mantive o caso com a amiga da minha ex-namorada. Muitas vezes pensei em dar um fim a essa história, mas é difícil abrir mão da moça – ela é um "foguete" na cama e, fora dela, não me dá nenhum trabalho. Ou melhor, não dava, porque quando soube que eu tinha voltado para a minha mulher fez o maior escândalo: começou a chorar, ficou histérica, gritou, sapateou, até arrancou os cabelos. Vê se pode? Ela é casada, trai o marido e a melhor amiga com a maior tranqüilidade. Comigo é só sexo. Como é que ela faz uma cena de ciúme dessas só porque eu voltei para casa? Não consigo entender.

Rodolfo não pôde – ou não quis – perceber que sua amante gostaria de se casar com ele. Ela acalentou esse sonho enquanto ele não voltou para a família. De repente, o sonho acabou.

Pergunta

LEITORA: *Você simplifica demais as coisas. Os sentimentos, pelo menos os das mulheres, são muito mais complexos do que você descreve. Estou errada?*

Não, você está certíssima. Na vida real, muitos fatores influenciam nossos sentimentos. Cabe à ciência separar o que é fundamental do que é acessório para formular leis gerais – de preferência simples – que nos ajudem a prever as conseqüências. É assim na física, na química e também na psicologia, que está ficando mais científica.

Quando viajamos de automóvel a 100 km/h e passamos por uma placa indicando que nossa cidade de destino está a 100 km de distância, uma lei física muito simples nos permite pensar que chegaremos em uma hora. É claro que um filho com vontade de ir ao banheiro, um pneu furado ou um engarrafamento depois da próxima curva podem nos atrasar, mas isso não invalida a lei nem diminui sua utilidade. Da mesma forma, a Psicologia Evolucionista prevê o que é mais provável que aconteça em face dos condicionantes mais significativos, o que não nos exime de prestar atenção às particularidades e imprevistos de cada caso específico.

Na prática, como fazer?

Sabe aquela história da assembléia de ratinhos que decidiu amarrar um sino no pescoço do gato para que o tilintar os avisasse de sua aproximação? A idéia era boa, mas como realizá-la?

A síntese do que foi dito até agora é simples: para preservar a espécie humana, fomos programados pela natureza para nos alimentar e procriar sempre que houver oportunidade. Mas como fazer para não ficarmos obesos e cheios de filhos?

Para evitar que a natureza nos conduza por caminhos que não queremos trilhar, temos de enganá-la ou nos manter afastados das tentações, o que requer temperança (força de vontade para resistir aos próprios desejos).

Mas se você quer uma vida excitante é melhor estar preparado para conviver com o estresse: lembre-se de que qualquer atividade física consome adrenalina, produz endorfina e, portanto, combate as tensões, independentemente de suas origens.

Para ilustrar melhor como isso funciona, vou analisar mais alguns casos reais e responder a inúmeras perguntas.

Depoimentos

O conselho de se afastar do que quiser evitar vale para comida, álcool, drogas, compras ou, em particular, para as tentações do amor. O próximo relato é de uma candidata à faculdade de Medicina que, brincando, se aproximou demais das tentações do amor.

Confesso que amei

Dora, 35 anos, é formada em Biologia e sócia, com mais três amigos, de um barzinho na Vila Madalena, em São Paulo.

Acho que por influência da família decidi muito cedo que queria cursar Medicina. Como era boa aluna, os professores apoiaram minha escolha e cheguei ao cursinho disposta a "rachar" e entrar na Medicina Pinheiros. Eu não imaginava que o destino ia botar o Pedrinho em meu caminho!

As aulas começaram na última semana de fevereiro, logo depois do carnaval. Na minha sala só tinha candidato para Medicina, todo mundo "fera". Mas um menino, um branquelinho com o cabelo precisando de corte, se destacava. Seu nome foi o primeiro que os professores memorizaram: "Classe, por que o DNA mitocondrial é usado para estudar as migrações populacionais?" E se ninguém respondesse: "E aí, Pedro, você quer explicar?"

Em março a gente organizou uma turminha que ficava no cursinho à tarde para estudar. Às vezes eu me plantava por trás da cadeira dele para acompanhar a solução de um problema e, só para provocar, deixava meus seios tocarem em sua cabeça. Nessa brincadeira, eu estava mexendo com ele, mas quem acabou ficando mexida fui eu. Levou um tempo para ele ter certeza de que eu fazia de propósito, mas um dia virou o rosto como por acaso e deu um beijo bem no bico do meu peito. Acho que ninguém mais viu. A partir daí, começamos um namoro tórrido. Eu já tinha trocado uns "amassos" com outros meninos, mas nunca tinha freqüentado motel. Para o Pedrinho também era novidade. A gente começou a ir quase dia sim, dia não, à tarde, quando nossas famílias achavam que a gente estava estudando no cursinho. E no resto do tempo eu não conseguia pensar em outra coisa.

O desejo sexual é forte. Embora Dora não tivesse especial interesse no Pedrinho, ao se aproximar demais foi atraída.

Mesmo no horário de aula a gente preferia ficar no pátio se beijando e se esfregando, em vez de entrar na sala. Comecei a tomar pílula e engordei um pouco. O Pedrinho disse que eu estava ficando cada vez mais gostosa. Eu me sentia bonita e atraente. Desfilava pelo cursinho à vontade, de batinha branca de musseline, sem sutiã, o cabelo despencando de um coque preso pelo lápis. Estava me achando o máximo, sabia que matava as colegas de inveja, nenhuma delas vivia com a mesma intensidade que eu.

Namorar é muito mais agradável do que estudar física ou matemática. O sexo está na origem da natureza animal, enquanto a ciência é uma criação humana recente, muito posterior ao desenvolvimento de nossos mecanismos de prazer. Estudar não dá prazer. Se o jovem puder optar entre estudar e fazer outra coisa, provavelmente não estudará. Principalmente se a outra opção for sexo.

No exame simulado não fui bem. Aos próximos nem compareci, achei besteira perder meu tempo.

No final de maio a coordenação da escola nos chamou, um de cada vez. De mim só cobraram mais estudo e disseram que do jeito que eu estava levando o curso seria difícil me recuperar no segundo semestre. Com o Pedrinho eles foram mais duros. Abriram o jogo: não admitiam que a gente ficasse fazendo "cenas explícitas" no pátio, pois isso pegava mal para o cursinho.

Hoje eu entendo, mas na época fiquei possessa, um bando de velhos caretas me julgando! Eu estava pagando, não estava? Por que não falaram na minha cara? O que eles tinham que se meter na minha vida? Quis marcar nova entrevista com o coordenador, tirar essa história a limpo, mas o Pedrinho me dissuadiu: "Deixa pra lá. Não mexe mais nisso, vai sobrar pra gente." Fiquei mais calma.

Minha mãe também devia estar notando alguma coisa, mas não entendeu nada. Ela começou a tocar no assunto de drogas, falar dos riscos da maconha, um dia chegou a acusar: "Por que você anda tão desmazelada com sua aparência?" Acho que até hoje ela acredita que "patricinha" não fuma maconha.

Chegaram as férias de julho e eu só pensando no tempo que ia poder ficar nos braços do Pedro. Aí, levei uma ducha de água fria: a família dele ia passar o mês todo na Europa, e ele tinha que ir junto. Pedi para ele ficar, chorei, ameacei, mas ele, nada. Falou que não tinha como escapar. Tentei correr atrás do prejuízo, descolar uma grana, mas ele disse que mesmo que eu arranjasse o dinheiro para me bancar não dava para ir junto porque era uma viagem "de família". Na volta às aulas, ele tinha mudado de sala e me evitava. Fui à secretaria pedir para me mudarem também, mas me disseram que não tinha mais vaga. Tenho certeza de que a família dele pediu para a escola nos separar. Ele não saía mais de sala nem nos intervalos. No final da manhã, quando as aulas acabavam, o motorista já estava esperando por ele. Eu não conseguia mais prestar atenção nos professores e achava que as meninas do cursinho meio que me segregavam. Fui conversar com o coordenador, me abri, expliquei a situação, mas ele foi inflexível: "Esquece e estuda."

Com muito empenho próprio e o apoio da família, Pedrinho conseguiu retomar os estudos. Dora, não.

No fim do ano, soube que Pedrinho entrou na Pinheiros, vi o nome dele na lista de aprovados. Eu só tinha prestado exame para a Fuvest e não passei nem na primeira fase.
No ano seguinte fiz o mesmo cursinho outra vez. Não encontrei ninguém como o Pedro. No começo namorei um aluno mais velho, mas ele era meio pilantra. Depois ainda namorei mais dois rapazes, mas nada que me virasse a cabeça. No fim do ano, não me senti preparada para tentar Medicina e mudei minha escolha para Biologia. Fiz prova para tudo quanto foi faculdade e fui aprovada numa escola particular. Nunca mais vi o Pedro.

Conclusão nada simpática: ter brincado com as tentações do amor custou a Dora uma carreira médica.

No próximo depoimento, Maria Helena conta como descobriu que o exercício poderia diminuir seu estresse de origem passional.

MEU MÉTODO ANTIESTRESSE

Maria Helena tinha 29 anos quando essa história aconteceu. Quanto mais aguda era a crise em seu casamento, mais ela corria na praia.

Conheci meu marido no trabalho, ele era o maior gato do pedaço e eu também não era de se jogar fora. Logo depois que nos casamos recebi uma proposta de trabalho irrecusável e mudei de emprego. Tudo estava bom demais para ser verdade. Bem casada, recebendo um bom salário e morando num apartamento que era uma gracinha na quadra da praia de Ipanema. Foi aí que meu marido começou a trabalhar até mais tarde, inclusive aos sábados.

Eu não estava gostando daquilo, mas conhecia o serviço dele e sabia que quando a coisa apertava era preciso toda essa dedicação. Ele não vinha me dando muita "bola", mas isso também era normal nessas fases em que o trabalho parecia sugar todas as suas energias.

O que mudou e me fez desconfiar foi ele parar de reclamar. Antes, quando se arrebentava de trabalhar, chegava em casa esbravejando contra tudo e contra todos. Fazia questão de me explicar detalhadamente as besteiras que — na opinião dele — cada um tinha feito para resultar naquela trabalheira toda. Agora ele chegava e não dizia nada ou falava apenas que estava cansado e queria dormir. Quando eu perguntava, a resposta era vaga, quase sem detalhes.

Depois que desconfiei foi fácil achar outro indício. Não que eu tenha encontrado qualquer "prova", como uma marca de batom no colarinho ou um bilhetinho de amor esquecido em algum bolso. Ele era cuidadoso demais para vacilar assim. Mas começou a se perfumar para ir trabalhar. Ora, se eu não insistisse, ele não se perfumava nem para ir às festas. Como são ingênuos esses homens! Era óbvio que tinha outra mulher na história. Para mim foi o bastante.

Ele já devia estar querendo se livrar do peso do segredo, porque mal eu o pressionei ele confessou. Disse que continuava me respeitando e me amando como sempre, mas que estava apaixonado por uma colega de trabalho. Ainda acrescentou aquele argumento clássico do traidor: "Aconteceu. Sabe como é a paixão, não dá para controlar." Depois saiu aliviado pela confissão e, com certeza, foi se encontrar com ela.

Em casa, sozinha, fiquei fervendo de raiva. Minha vontade era sair quebrando tudo que encontrasse pela frente, mas consegui me controlar. Sem ter o que fazer, calcei um tênis, vesti um short e uma camiseta e fui correr no calçadão da praia. Corri, corri, corri até me cansar.

Voltei para casa exausta, mas passados alguns minutos os batimentos do meu coração estavam normais e mesmo triste me senti de bem comigo mesma. Eu não era a primeira nem seria a última mulher a ser traída pelo marido.

Consumindo o excesso de adrenalina e produzindo endorfina, as corridas acalmavam Maria Helena e a faziam se sentir melhor. Não resolviam o problema, mas ajudavam.

Pensei em me separar. Mas não queria perder o homem que amava por causa de uma escorregadela. Gostaria de perdoá-lo, mas também não poderia permitir que aquela situação continuasse indefinidamente. Naquele momento não consegui encontrar uma solução; resolvi apenas não fazer besteira e dar tempo ao tempo. A situação se complicou ainda mais quando engravidei. Houve momentos em que achei que eu e meu filho por nascer seríamos abandonados. Meu marido chegou a me acusar de ter "forçado demais a barra" para ele se decidir por mim. O fato é que um dia ele terminou o caso com a tal moça e aos poucos voltou a ser o homem que eu tanto amava. Acho que ter mantido a calma e o discernimento mesmo nos momentos mais difíceis contou a meu favor. Fiquei chateada, com raiva, brava, mas não histérica. O bom dessa crise toda foi que eu acabei descobrindo um excelente método antiestresse. Toda vez que a situação ficava desesperadora e eu não sabia o que fazer, ia correr na praia para me cansar um pouco e me acalmar. Fiz isso até durante a gravidez. Meu filho já está um meninão. A família vive em paz. Eu me habituei a correr e estou em excelente forma, até um pouco mais magra do que antes da gravidez. Não posso dizer que as corridas salvaram meu casamento, mas certamente me ajudaram a esfriar a cabeça.

A natureza arcaica de Maria Helena pedia uma reação física. Em vez de descarregar sua raiva agredindo o marido, como pode ter sido seu primeiro impulso, ela reagiu correndo na praia e se acalmou.

Para não cumprir uma "vontade" da natureza, é melhor agir cedo e com determinação. Quanto antes, melhor.

TENTAÇÃO

Esta história ocorreu comigo. Pessoas temperantes como eu sacrificam o prazer imediato para investir num futuro melhor. O resultado quase sempre compensa.

Quando entrei na faculdade, aos 17 anos, tive de me mudar para Campinas. Aluguei um quarto numa pensão no centro da cidade, com uma porta independente do restante da casa dando para um alpendre exterior. O jantar estava incluído no aluguel. Tratei com a

mulher que cuidava do lugar, uma negra gorda e simpática que parecia a Tia Nastácia do *Sítio do Pica-Pau Amarelo.*
Em meu primeiro dia na pensão, cheguei da faculdade morrendo de fome e fui jantar cedo. Duas pessoas já aguardavam sentadas à mesa posta. Sentei-me também e fiquei esperando pela comida, olhando ansiosamente para a porta que dava para a cozinha. Que aparição! Com uma travessa nas mãos, surgiu uma mulata. O rosto de menina não era especialmente bonito, mas o corpo de mulher era exuberante como o das cabrochas do carnaval carioca. Ainda mais sensual por não estar à mostra, mas sutilmente coberto por um vestido de algodão que realçava suas curvas. Deu de cara comigo e abriu um sorriso desconcertante. "Boa noite." Deixou a travessa na mesa e voltou para buscar outra. O caminhar sinuoso atraiu meu olhar para sua bunda, onde o tecido leve, um pouco mais esticado, deixava vislumbrar os contornos da calcinha. Acabou de trazer a comida e foi embora.

Numa simples aparição a moça exibiu uma gama de atrativos: era jovem e tinha o corpo exuberante, sinais de boa saúde e fertilidade. Além disso, foi recatada, anunciando sua disposição para a fidelidade.

Eu tinha aulas o dia todo e à noite estudava. Para suavizar essa rotina, apenas a breve aparição daquela moça na hora do jantar. Nos fins de semana eu ia para a casa dos meus pais para matar a saudade, levar roupa suja para lavar e, principalmente, pegar dinheiro para a semana seguinte.
Finalmente chegou uma noite diferente: o baile dos calouros. Um baile de boas-vindas aos novos alunos da universidade. Um grande acontecimento com centenas de estudantes, professores e funcionários. Fui sozinho, pois tinha combinado de encontrar os colegas lá.
Após alguns breves discursos de boas-vindas, o baile começou.
Resolvi beber um pouco para perder a inibição e, na segunda dose de vodca, ainda esperava pela coragem para dançar quando perce-

bi alguém se aproximando. Era a mulata da pensão; usava um vestido preto básico. Não sei como conseguiu o convite, mas estava ali, bem na minha frente. "Você quer dançar?", perguntou com jeito tímido de menina, mas era um mulherão. De salto alto como estava, tinha a minha altura, 1,80m.

Um encontro assim, caído do céu, era mais do que eu poderia sonhar. A orquestra tocava música para dançar junto. Começamos tímidos, afastados um do outro. Mas, à medida que as canções se seguiam, nossos corpos foram ficando mais próximos até começarem a se tocar. De repente fui surpreendido por sua mão entrando pelos cabelos da minha nuca, vigorosa, as unhas riscando a pele. Deixei minha mão correr por suas costas nuas decote abaixo. Agora estávamos colados. Ela começou a beijar e lamber meu pescoço e orelha enquanto uma de suas coxas se insinuava entre as minhas, me acariciando. Fui à loucura. Então a música parou. Intervalo. Os casais se separavam. Saí do transe e percebi que precisava me acalmar. Com as forças que me restavam, pedi licença para ir ao toalete. "Volte logo, vou ficar te esperando."

Depois de esperar meses pela minha iniciativa, a moça abandonou o recato e se ofereceu. A natureza feminina "sabe" que assim é mais fácil seduzir um homem, embora fique mais difícil fazê-lo se comprometer (namoro ou casamento).

Chegando ao banheiro, molhei o rosto com água fria. Em seguida, tranquei-me num boxe e fiquei sentado sobre a tampa fechada do vaso, esperando meu espírito serenar. Queria voltar para a pensão e passar a noite com ela. Mas ocorreu-me que o caso dificilmente se limitaria àquela noite. Morávamos na mesma casa. Ela era filha da administradora e não seria difícil conseguir uma cópia da chave do meu quarto. Se quisesse, entraria todas as noites, sem bater. Eu queria, e muito, mas não podia. Precisava permanecer concentrado nos estudos, pois meu futuro dependia disso. Concluí que era melhor não ceder ao desejo. Que raiva! Pensar no futuro numa hora dessas! Não dava para simplesmente deixar as coisas acontecerem? A música recomeçou e ela me esperava no salão. Eu deveria ao menos voltar para me despedir, mas tive medo de fraquejar se a visse novamente. Fugi.

A natureza do homem imaturo, como eu era, quer sexo sem compromisso. O sexo estava para acontecer, mas tive medo de não conseguir escapar do compromisso.

Depois disso, ela passou a me ignorar, olhava através de mim como se eu não existisse. Algum tempo depois sumiu. Deduzi que tivesse se mudado. Ninguém me contou, simplesmente continuei morando lá e nunca mais a vi. Um ano depois a encontrei por acaso. Estávamos caminhando na mesma calçada em sentidos opostos e quase nos esbarramos, mas agimos como se não nos conhecêssemos. Ela estava com um bebezinho no colo, acompanhada por um rapaz bem jovem, parecido comigo. Foi uma sensação estranha ver o futuro que eu evitara vindo ao meu encontro.

Sem demora, ela conseguiu o que sua natureza desejava: filho e compromisso. Se eu não tivesse sido tão temperante, talvez ela tivesse conseguido isso de mim.

Algumas decisões têm o poder de mudar nossa vida para melhor ou pior. Na história a seguir aparece um momento crucial desses, quando a protagonista decide se casar.

Vida real

Cristina, trinta e poucos anos, bonita e talentosa, foi surpreendida pela vida real.

O câncer no seio foi um marco em minha vida em todos os sentidos. Nunca me senti tão vulnerável e sofrida. O tremendo mal-estar que sentia após as sessões de quimioterapia às vezes me dava vontade de desistir. Com a perda galopante dos cabelos, perdi também minhas referências femininas. Sentia-me um lixo. Apenas a presença do Nélson, um enfermeiro especialmente atencioso, me trazia algum alento. Ele ficava ao meu lado, conversava comigo e me fazia rir. Nélson tinha a capacidade de acalmar meu espírito torturado pelo medo da morte. Durante o tratamento nos tornamos amigos e, à medida que fui melhorando, me enamorei por ele. E ele por mim. Tempos depois, quando já me sentia nova em folha, resolvemos nos casar.

Lembro-me de ter pensado em como a vida é mesmo surpreendente: se eu não tivesse ficado doente, nunca teria conhecido o Nélson e não estaria me casando.

Cristina chegou a perceber que seu encantamento fora circunstancial. Nesse momento decisivo, se conhecesse as regras da natureza, saberia que havia se enamorado pela figura ancestral do macho protetor, comum na relação entre terapeuta e paciente (professor e aluna, chefe e secretária, etc.). Deveria ter prolongado o namoro para se conhecerem melhor antes de se casar.

Nélson era de uma classe social mais simples do que a minha. Quando solteiro, morava perto do centro da cidade, em um apartamento pequeno, comprado com o fruto de seu trabalho. Eu morava na Zona Sul do Rio de Janeiro, num apartamento alugado, mas ótimo e muito espaçoso. Quando nos casamos, ele veio morar comigo. E começamos nossa vida a dois ainda enlevados pela forma bonita como nos encontramos.

Minha carreira de advogada começou a decolar. Passei a viajar com freqüência e ganhar cada vez melhor, bem mais do que meu marido. Com o tempo, isso começou a me incomodar e acho que a ele também.

Cristina já não é mais a donzela frágil que encontrou seu príncipe encantado. Entre eles acabou a sedução que a moça submissa exerce sobre o homem e diluiu-se a atração que o homem protetor (dominante na relação) exerce na mulher.

Provavelmente em decorrência de nossas diferenças cada vez mais flagrantes, Nélson resolveu fazer faculdade. Estudar à noite para continuar trabalhando durante o dia. Também decidimos adiar a vinda dos filhos, pois nenhum de nós tinha disponibilidade para cuidar de uma criança.

O casal abre mão de uma poderosa força de união: os filhos.

Quando eu não estava viajando, chegava tarde em casa. Exausta, ia dormir antes do Nélson voltar da faculdade. Ele, por sua vez, trocou os plantões noturnos por trabalho nos fins de semana. Ou seja, mal sabíamos o que rolava na vida um do outro. Parecíamos colegas que dividem o apartamento mas levam vidas independentes. No tempo livre que conseguiu arrumar, ele montou uma banda de roque com colegas do hospital. Num raro domingo de folga, me convidou para assistir a um ensaio na casa de um dos músicos. Ficava bem distante, para lá de onde Judas perdeu as botas.

O apartamento era mínimo, feio e descuidado. Mal cabiam os instrumentos, músicos e convidados. Quando chegamos, os poucos lugares com alguma comodidade já estavam ocupados e me sentei no chão. Havia cerveja à vontade, todos estavam alegres – menos eu, que me senti deslocada. Definitivamente, aquela não era "minha praia". Jamais poderia reunir os amigos dele e os meus para um jantar em nossa casa, pois as diferenças eram abissais. Vendo-o rodeado de carinho, meu pensamento voou para longe dali em busca de pessoas queridas que não via desde que fiquei doente. Resolvi procurá-las assim que possível.

Uma das primeiras pessoas que reencontrei foi o Francisco, ex-professor de quem havia sido monitora na faculdade. Era um homem charmoso e advogado importante, 20 anos mais velho do que eu, casado e com dois filhos. Passamos a almoçar nos melhores restaurantes da cidade. Ele falava pouco da família e era extremamente gentil – sempre puxava a cadeira para eu me sentar e fazia questão de pagar a conta. A conversa era deliciosa: ele atento ao que eu lhe contava, fascinado pela minha juventude, e eu embevecida por sua sedutora experiência. Nos apaixonamos.

Francisco era tudo que Cristina gostaria que seu marido fosse: maduro, bem-sucedido e pai.

A roda-viva em que Nélson e eu vivíamos nos permitia tocar nossas experiências individuais tranqüilamente, sem sustos. Porém, um dia, ao chegar do trabalho, encontrei-o me esperando na sala, tomando uma cerveja. Devia ser algum assunto sério. Ele pediu que eu me sentasse e disse que queria se separar. Afirmou que o nosso casamento não fazia mais sentido, apesar de nos querermos bem. Eu tinha certeza de que ele nada sabia a respeito do Francisco, assim como eu não tinha noção do que se passava com ele. Fui pega de surpresa. Eu poderia querer me separar dele, mas ele de mim? Isso nunca me passaria pela cabeça. Ele me achava o máximo!

As raízes arcaicas da natureza masculina pedem que o homem seja dominante. Nélson achava Cristina "o máximo", mas a superioridade dela também devia incomodá-lo.

Liguei para o Francisco e contei o que tinha acontecido. Queria apoio, um ombro amigo. Ele não se comoveu. Pelo contrário, pareceu frio e distante. Nos dias que se seguiram evitava atender minhas ligações e, quando atendia, sempre havia compromissos inadiáveis impedindo que nos encontrássemos. Por fim, por telefone mesmo, falou que era melhor pararmos de nos ver. Quis argumentar, estava disposta a ceder em tudo, mas ele encerrou a conversa de forma rude. Uma semana depois ignorou meu aniversário. Não mandou flores, nem ao menos telefonou. Nélson também não ligou. Como cantou Caetano Veloso: "Ou feia ou bonita, ninguém acredita na vida real."

A natureza quer filhos. Todo homem que se relaciona com uma mulher jovem corre sério risco de engravidá-la. O risco é maior se ela não tem filhos. Se está solteira, maior ainda. Sabendo ou intuindo isso, Francisco pôs fim à relação quando Cristina se separou.

Agora vamos relembrar o depoimento da Júlia (aquela mulher madura que teve um caso com um garotão), analisá-lo passo a passo e ver o que ela poderia ter feito se conhecesse as regras da natureza.
- Júlia e o garotão se conheceram, são saudáveis e bonitos.
- Ela está solteira.
- Ele tem família, mulher e filhos.

A natureza sempre quer mais filhos. A de Júlia quer também uma família para criá-los. Como o garotão não tem condições para bancar uma segunda família, sua natureza quer que ele se envolva apenas o estritamente necessário para gerar um filho.
- Surge um clima de sedução entre eles.

Júlia queria apenas se divertir. Se soubesse que era quase certo que se envolveria e depois seria abandonada, poderia optar por desistir: aceitar a frustração momentânea para evitar uma dor maior.
- Ela não se afastou.
- Ele se declarou apaixonado.

A natureza dele sabe que ela quer compromisso, então o faz realmente se apaixonar para que ela sinta sua sinceridade e também se envolva.

- Ela se apaixonou.
- Eles namoraram durante alguns meses.

A natureza dele tinha escolhido não investir, por isso fez sua paixão definhar e morrer. Querendo constituir família, a natureza dela deu um passo adiante.
- A paixão dele acabou.
- A dela cresceu.

Sem paixão, ele ficou livre para agir como quisesse. Passando por dificuldades financeiras, aproveitou-se dos sentimentos dela.
- Pediu muito dinheiro emprestado.

Ah, se ela conhecesse o enredo saberia que ele não estava mais enamorado e que em breve iria abandoná-la. Poderia ter negado o empréstimo, evitando o prejuízo financeiro, ou ter dado o dinheiro aos poucos para obrigá-lo a ficar com ela por mais algum tempo.
- Ela emprestou a quantia toda de uma vez.
- Ele sumiu.
- Ela sofreu.

Sofremos quando não agimos de acordo com o enredo que a natureza escreve para nós, mesmo que os papéis sejam irreconciliáveis como nesta história. O garotão desempenhou seu papel, arriscando-se a gerar um filho, mas Júlia foi punida por não ter conseguido constituir uma família.

Perguntas

LEITORA: *Você acha que ter um filho ajuda a preservar o casamento? Ajudou no caso da Maria Helena?*

Contei a história da Maria Helena para mostrar que os exercícios também podem colaborar nas crises passionais. Essa pergunta foge um pouco do ponto específico, mas é pertinente.

A natureza faz homem e mulher sentirem amor, paixão e desejo com um único objetivo: para eles terem filhos. Acho que ter filhos solidifica a união dos casais, mas não salva casamentos moribundos. Você deve conhecer histórias de casais em que a mulher engravidou e mesmo assim o casamento acabou logo depois – eu conheço. No caso de Maria Helena, penso que a gravidez tenha sido positiva. Apesar da crise matrimonial, acredito que houvesse amor. Num primeiro momento, o orgulho do marido ficou ferido porque ele não participou da decisão de ter a criança. É normal. Depois, sua natureza reprodutora deve ter se encarregado de deixá-lo encantado pelo filho e grato a Maria Helena.

Tenho um amigo que ficou indignado quando a mulher engravidou contra sua vontade. O casamento já não estava bem e aquilo foi a gota d'água para ele sair de casa. Mas logo foi tomado de amores pelo filho. É um pai dedicado e vive dizendo para todo mundo que é grato à ex-mulher por ela ter desrespeitado sua vontade. O casal se separou e cada um seguiu seu caminho. Ela encontrou outro amor e ele também. Mais de uma década depois eles se reencontraram e estão namorando há dois anos. O filho está exultante porque os pais reataram.

LEITORA: *Não achei grande coisa as opções da Júlia: abdicar do envolvimento logo de início; romper sem conceder o empréstimo e, apaixonada, sofrer; ou dar o dinheiro aos poucos para manter o namoro, mesmo sabendo que o rapaz não a queria mais. Vale a pena ficar consciente das regras da natureza por tão pouco?*

A natureza nos impõe limitações físicas e emocionais que não podem ser desconsideradas. Se você fantasiar que pode voar e saltar do topo de um edifício, vai se machucar e pode até morrer. Com as fantasias românticas não é diferente. Elas também machucam e matam. É preciso medir as conseqüências. Para não encarar a realidade, Júlia iludiu-se seguidas vezes: primeiro acreditou que pudesse apenas se divertir sem se envolver; depois imaginou que o garoto pudesse trocar a mãe de seus filhos pequenos por ela ou pelo menos assumi-la como amante; finalmente, entregou sua poupança na esperança de prolongar o que já havia acabado. Estou convencido de que, apesar dos pesares, ainda é preferível agir com conhecimento das leis da natureza e poder escolher a alternativa mais conveniente, mesmo que nenhuma delas seja promissora.

LEITOR: *Pelo que entendi, as mulheres gostam dos homens fortes, bonitos, com dinheiro e posição social. Sou jovem e não sou nada disso. O que eu faço, me suicido?*

Calma, não precisa se apavorar, o homem bem colocado na vida é mais atraente do que o homem bonito. Estude, trabalhe duro e torne-se bem-sucedido. Garanto que as mulheres vão se enamorar por você. Elas são programadas pela natureza para amar homens capazes de as proteger e sustentar, mesmo que não precisem disso. E não é necessário ficar milionário ou chegar à presidência da República, basta se destacar entre seus concorrentes mais próximos.

LEITOR: *Eu e minha mulher gostaríamos que nossa filha fosse recatada. É possível criar uma filha recatada, ou cada menina já nasce com sua natureza?*

Qualquer menina pode crescer recatada ou oferecida. Com repressão e castigo é impossível fazê-la optar pelo recato. A melhor maneira de se conseguir isso é investindo em seu amor-próprio. Quando a moça se sente valorizada, sua natureza a faz recatada, pois essa é a melhor estratégia para o casamento. Não é preciso ser bonita. O viço da juventude, a delicadeza, a dedicação e o próprio recato são mais que suficientes para conquistar um homem.

Achando-se incapaz de despertar o interesse masculino, a menina desvalorizada se vê obrigada a tomar a iniciativa da sedução. Ao contrário do que pode parecer, é a falta de confiança que faz uma mulher ser atirada.

LEITORA: *Homens e mulheres são sexualmente desejáveis porque são férteis. A natureza quer que se reproduzam. Aí começa a injustiça: os homens são férteis (quase) a vida toda e a fertilidade feminina diminui rapidamente após os 35 anos. Sendo assim, na maturidade os homens são mais atraentes e sexualmente ativos do que as mulheres. A melhor estratégia reprodutiva para eles é ter família, amantes e transar com qualquer mulher que "dê mole". Uma festa! Para as mulheres, a melhor estratégia é ser recatada. Um tédio! Na próxima encarnação quero voltar homem.*

Bem, toda vez que um homem transa com uma mulher, uma mulher transa com um homem. Portanto, essa "competição" sexual está sempre rigorosamente empatada. E a mulher recatada não precisa ser fiel, precisa apenas parecer fiel.

LEITORA: *Para conquistar um homem é melhor ser "recatada" ou "oferecida"?*

Depende. Para levar o homem para a cama é melhor ser "oferecida". Para levá-lo para casa é melhor ser "recatada".

O homem sabe que a mulher que ele conquista com facilidade também pode ser facilmente conquistada por outro. Ele fica com medo de casar e ser traído.

Para ser recatada, cubra seu homem de atenção e delicadeza, mostre suas qualidades femininas, mas não seja exibida demais. Não ceda às vontades dele sem resistência e nem pense em assediá-lo, a menos que a relação já esteja consolidada.

LEITORA: *Eu adoro fazer compras, mas meu marido não tem paciência para ir comigo. Por quê?*

Não se preocupe, não é por falta de amor. Quase todos os homens são assim. É da natureza deles. Desde tempos imemoriais estabeleceu-se uma divisão de tarefas para garantir a sobrevivência da família: a mulher coletava alimentos enquanto o homem caçava.

A coleta é oportunista. A mulher primitiva passeava quilômetros pelas matas atenta a qualquer verdura, fruta ou raiz comestível que pudesse ser colhida. O homem, ao contrário, não podia sair para caçar o que aparecesse, pois cada tipo de presa requer arma e estratégia diferentes. A caça exige premeditação.

Devido a suas heranças genéticas, a mulher moderna não se cansa de perambular pelo comércio em busca de boas oportunidades, e o homem vai às compras apenas quando já sabe o que quer. Achou, comprou, fim.

Pesquisas científicas mostraram que bastam 20 minutos num *shopping* para os homens começarem a apresentar os primeiros sintomas físicos de estresse, como taquicardia ou cansaço excessivo.

LEITORA: *Sou recém-casada e quero muito ter um filho. Mas profissionalmente sinto que não é o momento. O que devo fazer?*

Nossa natureza não conhece o planejamento familiar. Jovens que não procriam geralmente se separam. O amor que os une enfraquece para que tentem se reproduzir com outros parceiros.

Eu diria que é arriscado retardar a vinda dos filhos por mais de três ou quatro anos.

LEITORA: *Se meu marido arrumar uma amante, em que esses novos conhecimentos podem ajudar?*

Para começar, eles ajudam a avaliar o perigo. Ao contrário do senso comum, quanto mais libidinosa for a rival, menos perigosa ela é. Os homens costumam querer as oferecidas por algumas noites e as recatadas para sempre. Aquelas com jeitinho comportado de dona-de-casa é que devem ser temidas.

Lembre-se de que o homem é naturalmente polígamo, ele prefere agregar uma nova mulher sem dispensar a antiga. Provavelmente seu marido não será diferente. Caberá a você tomar a iniciativa de abandoná-lo ou aceitar a situação. Difícil vai ser ficar com ele e forçá-lo a se livrar da outra.

Para prosseguir com essa análise eu teria que saber um pouco mais sobre vocês. Por exemplo, se têm filhos, se eles são pequenos ou já estão criados, se seu marido se considera bem-sucedido e acha que tem condições de bancar outra família, etc. Essa situação que você imaginou aconteceu com a Roberta. Veja como foi.

Depoimento

PELO TELEFONE

Roberta, 40 anos, pediatra. Um telefonema mexeu com sua vida.

Casei-me aos 22 anos, quando ainda cursava a faculdade. Paulo, meu marido, tinha 30 anos e era um empresário bem-sucedido. Tudo começou na festa de aniversário de uma colega. Eu estava desanimada, pensando em ir embora, quando ele apareceu e me convidou para dançar. Foi amor à primeira vista. Ficamos o resto da festa juntos. Conversamos, dançamos e passeamos pelos jardins da casa na maior sintonia. Um ano depois nos casamos.

Tivemos dois filhos maravilhosos. Formei-me em Medicina e, atualmente, clinico em meu consultório particular.

Um dia telefonei para lembrar meu marido de buscar as fotos digitais que tínhamos mandado revelar. Ele atendeu o celular, respondeu que não se esqueceria e se despediu apressado, dizendo que estava dirigindo. Eu ia desligar quando percebi que seu telefone continuava ligado e ele falava com alguém. Parecia nervoso. Fiquei preocupada, cheguei a pensar em assalto, mas logo percebi o que estava acontecendo.

Com a voz transtornada, ele acusava uma mulher de o estar traindo com um conhecido. Ela negava, e sua voz parecia familiar. Quanto mais ela negava, mais ele esbravejava, querendo que ela admitisse a traição. Entre ameaças e juras de amor, pronunciou seu nome: Diana. Eu a conhecia, era uma loura bonita que esteve em nossa casa no último aniversário dele.

Minhas pernas ficaram bambas, mas ouvi até o final, até a porta do carro bater e ficar tudo em silêncio – ele deve ter esquecido o celular ao sair. Somente então desliguei o telefone.

Tive de esperar alguns instantes para me recompor antes de chamar o próximo paciente. Não podia deixar transparecer meu estado de espírito. Sou pediatra, as crianças precisam ser atendidas com tranqüilidade para não ficarem nervosas. Apesar de tudo, acho que me saí bem nas consultas que faltavam.

A última criança foi embora. Minha assistente arrumou as coisas que estavam fora de lugar e se despediu. Enquanto atendia os pacientes, concentrada em seus problemas, consegui esquecer o meu. Mas depois tudo voltou com a intensidade de um tsunami. É irônico. Sou uma mulher bem informada, sei que existe infidelidade na vida conjugal e no entanto fiquei absolutamente transtornada. Custou até eu recobrar algum ânimo de voltar para casa.

Quando cheguei, tive a sorte de estar tudo calmo: Paulo havia se trancado no escritório e, pelo silêncio, as crianças também não estavam. Fui até ele e disse que ouvira tudo. Fiz questão de reproduzir cada palavra, principalmente os trechos mais patéticos. Ele ficou desconcertado, não tinha como negar. Foi uma conversa difícil, em que mágoas antigas se misturaram às novas. Para concluir, deixei bem claro que não aceitava essa situação.

Ficamos brigados e ele passou a dormir no quarto de hóspedes. Durante um bom tempo falava com ele apenas o essencial. Nem reclamar eu reclamava se não fosse absolutamente necessário.

É emocionalmente árduo para uma mulher abrir mão de seu homem sem ter outro assegurado. Roberta não aceitava o romance paralelo do marido, mas não quis se separar antes de avaliar a seriedade do caso.

Dias depois ele me garantiu que tinha rompido com a moça. Era tudo que eu queria ouvir. Fiquei aliviada, mas fui voltando ao normal aos poucos porque ainda estava sentida. E antes de aceitá-lo completamente, antes de permitir que voltasse para nossa cama, resolvi tirar a limpo o fim do caso. A agenda eletrônica do Paulo é moderna, mantém uma cópia de segurança no computador de casa. Foi lá que obtive os telefones da tal Diana. Depois, fui até a pasta em que guardamos as contas pagas e peguei as do celular dele. Eram contas detalhadas, com a data e o tempo de duração de cada ligação. Encontrei chamadas recentes para o celular dela, inclusive conversas de meia hora, quarenta minutos. Tivemos uma discussão definitiva. Fui firme. Reafirmei meu amor por ele, mas disse-lhe que não admitia dividi-lo com outra mulher e exigi que saísse de casa.

Roberta tomou essa decisão depois de concluir que o relacionamento do marido com Diana era mais profundo do que ele dizia.

Depois me mantive presente: incentivava as crianças a procurá-lo e, com alguma freqüência, telefonava. Apesar de magoada com Paulo, eu ainda gostava dele, não queria que se afastasse demais e acabasse perdendo o afeto das crianças.
O tempo passou e Diana acabou optando pelo outro cara. Paulo ficou abatido. Eu me reaproximei.

Obedecendo ao impulso monogâmico da natureza feminina, Diana optou por um de seus homens, depois de experimentá-los. Para sorte de Renata, escolheu o outro.

Um dia ele pediu para voltar. Tivemos uma conversa ótima. Ele agradeceu meu apoio nos momentos difíceis, disse que eu tinha sido maravilhosa, que me amava e não queria me perder. Adorei.

Roberta confiou em si mesma e manteve uma atitude positiva. Não admitiu que o marido mantivesse a amante. Correu riscos, contou com a sorte e conseguiu o que queria.

Perguntas

LEITORA: *Descobri que meu namorado participou de uma festinha com prostitutas. Fiquei arrasada. Não acho possível continuar um relacionamento sem que haja confiança mútua. Todo homem é assim, ou posso ter esperanças de encontrar algum que me respeite?*

Você tem todo o direito de reprovar a atitude de seu namorado. Mas seria bem mais preocupante se ele tivesse se aproximado de moças com quem pudesse se envolver afetivamente. Talvez você esteja dando ao episódio mais importância do que ele de fato merece. Uma conhecida minha, ao descobrir que seu noivo freqüentava uma casa de massagens com serviços sexuais, repreendeu-o severamente. Como aquilo não passava de um divertimento sem importância, ele deixou de ir ao local. Hoje eles estão casados, se amam e têm filhos lindos. O episódio não teve qualquer conseqüência. Se não for pedir demais, pense nisso antes de decidir dispensar seu namorado.

LEITORA: *Há quatro meses saio com um homem que alimenta minhas esperanças, mas não se decide. Em alguns momentos se afasta dizendo que anda muito ocupado com o trabalho. Embora tente disfarçar, sei que ele sai com outras mulheres. A impressão que me dá é de que não se envolve porque tem medo de ser traído. O que posso fazer para ser a sua escolhida?*[2]

Todo homem tem medo de ser traído, mas, se o dele é mais intenso, possivelmente você o conquistou com a estratégia de "oferecida". Se realmente foi assim, você tem um problema: precisa convencê-lo de que na realidade é uma moça "recatada". Não é tarefa fácil. Se você achar que vale a pena, tente se vestir e agir de forma menos provocante e quando estiver com ele nem olhe para os lados.

LEITORA: *Tenho 29 anos, meu namorado 34, estamos juntos há nove anos e ele foi meu primeiro homem. Somos almas gêmeas — inclusive na cama —, mas ele morre de medo de casamento. Recentemente, em uma viagem, conheci um* homem casado, mais velho, e senti um frio na barriga. Sou certinha, fiel e estou em crise, porque ele quer me ver de novo e não sei se devo ir. Me pergunto se meu namorado resistiria se tivesse acontecido com ele. Não desejo magoá-lo, mas não estou conseguindo controlar meus sentimentos. Será que nossa relação acabou?[3]

A natureza da mulher "certinha", "fiel", quer casamento e filhos. Não foi dito na carta, mas esse homem casado provavelmente tem filhos. É natural que você sinta "um frio na barriga" diante de um homem que, ao contrário do seu, demonstra aptidão familiar. No entanto, esse senhor pode não ser sua melhor opção. Você encontrou uma alma gêmea e não é fácil encontrar outra. Considere a possibilidade de dar uma chance para que seu namoro possa evoluir para um casamento.

O "frio na barriga" que você sentiu com outro homem é sinal de que sua natureza está exigindo uma definição. Nove anos é muito tempo para ficar apenas namorando. Você e seu namorado têm de decidir se querem ou não se casar e ter filhos. Se não quiserem, ou um dos dois não quiser, é porque a relação se esgotou.

LEITORA: *Depois de 13 anos de relacionamento, eu e meu marido estamos passando por uma fase difícil – parece que amor, paixão e desejo acabaram. Não sei se a relação se esgotou ou se é um problema passageiro. Como não temos filhos, talvez fosse mais fácil recomeçar a vida. Vale a pena abdicar de um casamento estável para tentar outras relações amorosas?*[4]

"Amor, paixão e desejo" existem na natureza para que os casais tenham filhos. Quando isso não acontece, a relação se desgasta porque fica sem sua razão natural de existir. Aparentemente é o que está acontecendo. Entretanto, vejo que a ligação de vocês é muito forte; do contrário, não teria resistido 13 anos à ausência de filhos.

Sua pergunta mostra que você já começou a considerar a possibilidade de se separar. Eu recomendaria que avaliasse também a possibilidade de ter filhos e aprofundar o relacionamento. Se você ainda está em idade fértil, a única alternativa que sua natureza não admite é ficar como está.

LEITORA: *Não sou espontaneamente recatada. Detestei ler que os homens não gostam de se casar com mulheres fogosas como eu. Meu maior sonho é me casar. O que devo fazer?* — Em síntese, essa é a pergunta que pude depreender do seguinte correio eletrônico:

Caro Flávio:

Seu livro está excelente. Amei os relatos. Achei incrível a explicação de que coisas como a gula, o desejo, etc. são assim há milênios, se formaram nos primórdios da origem do homem. Não conhecia a Psicologia Evolucionista, é uma visão diferente e intrigante.

Você aborda as compulsões com a delicadeza que o assunto requer, até sugere o afastamento das tentações, já que elas são mais fortes do que nós. Talvez seu livro encurte o caminho doloroso que o compulsivo percorre até chegar a esse entendimento.

Para mim, o ponto alto é a Parte III, onde você explica cada virtude e sugere às pessoas que escolham algumas para se aprimorar. Gostei porque nos liberta de tentar o impossível: ser bom em tudo.

Agora, a classificação das mulheres como recatadas ou oferecidas, sendo que estas últimas não seriam talhadas para o casamento, me perturbou. A abordagem do assunto não foi prazerosa. Li buscando conforto, carinho, uma esperança de felicidade, mas você recomenda criar as meninas para serem recatadas. E quem não é? Pareceu-me que não há solução. Porém, se o livro quer contribuir para a felicidade das pessoas, ficou a lacuna: o que fazer quando se é pouco recatada? Até admitir isso é doloroso.

Escrevo na intenção de contribuir. Não saberia aconselhar ou confortar, mas sei dizer o que não funciona. Uma vez assisti a uma palestra de Neurolingüística. Foi num hotel bacana, tudo muito luxuoso. Uma das atividades era escrever uma carta despedindo-me de mim mesma e de toda minha imperfeição e sofrimento. Despedi-me certa de que isso seria suficiente para eu mudar. Não funcionou. Fiz sessões de hipnose. Também não funcionou. Era como se eu tentasse ter três pernas em vez de duas, contrariando minha natureza. Impossível.

Queria me transformar em "recatada" porque intuía que elas eram mais felizes. Só que não tenho a menor idéia de como fazer isso. Atualmente, procuro aceitar esse meu temperamento voluntarioso e me controlar. Fujo das ciladas do destino. Mudei-me para um vilarejo afastado e evito lugares onde possa conhecer novos homens. Não me arrisco a encontrar algum que seja irresistível para mim.

Tenho um companheiro que é um anjo e jamais pergunta sobre meu passado. Moramos juntos há seis anos e até hoje sonho ser pedida em casamento. Eu adoraria que ele pedisse minha mão a mim ou ao meu pai. Seria lindo! Mas ele não quer, diz que é traumatizado com o "casamento". Diz que já somos casados. Talvez meu caso seja mais uma confirmação de sua teoria: mulheres como eu não são para casar. Mas não abro mão de meu sonho.

Cada mulher tem sua fantasia: a recatada se imagina fazendo sexo selvagem com estranhos, e a que faz isto sonha com alguém para dar a mão na saída do cinema.

Abraços,
Vera.

Suas atitudes já estão de acordo com os ensinamentos da Psicologia Evolucionista.

Você intuiu corretamente que as recatadas são mais felizes. Como mostro na terceira parte do livro, o prazer recompensa a concepção, e a felicidade, a criação de filhos. Grosso modo, quem faz muito sexo tem mais prazer, mas quem investe na família é mais feliz.

Nenhuma mulher é totalmente recatada ou oferecida. Todas estão em algum ponto entre esses dois extremos. Mudando-se para um vilarejo afastado e evitando locais onde possa conhecer novos homens, você se afasta das tentações e caminha em direção ao recato. Espero que esteja conseguindo ser mais feliz.

Tudo indica que sim. Um relacionamento estável há seis anos é uma conquista importante. Vocês moram juntos, estão casados de fato e de direito (pela lei brasileira). Para completar seu sonho falta apenas o "pedido" e talvez uma cerimônia. Torço para que aconteça.

Não conheço os detalhes da situação, mas penso que seria enriquecedor ter um filho, biológico ou adotivo — as crianças têm o poder de ampliar o universo afetivo dos adultos, solidificar o amor do casal e trazer felicidade.

---

2 Pergunta de uma leitora da revista *Claudia,* da Ed. Abril, publicada no exemplar de junho de 2004 — pág. 59. A resposta é minha, não é da revista.
3 Pergunta de uma leitora da revista *Claudia,* da Ed. Abril, publicada no exemplar de julho de 2004 — pág. 81. A resposta é minha, não é da revista.
4 Pergunta de uma leitora da revista *Claudia,* da Ed. Abril, publicada no exemplar de setembro de 2004 — pág. 107. A resposta é minha, não é da revista.

PARTE III

FELICIDADE

"Embora a felicidade seja influenciada pelos prazeres e infortúnios cotidianos, ela transcende a eles. Filhos causam preocupação, dão trabalho, custam caro e restringem nossa liberdade. Ainda assim nos fazem felizes."

É bom ser bom

Fui educado à moda antiga: meu pai era durão e disciplinador e minha mãe prestativa e afetuosa. Ele era diretor da escola pública local. Ela era professora e trabalhava apenas no período da manhã, enquanto estávamos no colégio. Depois, dedicava-se integralmente à casa e à família.

Como já contei, morávamos num lugarejo. A maioria das pessoas trabalhava no campo, em grandes plantações de cana ou em roças de subsistência. Na cidade as oportunidades eram poucas, pois a quitanda, a farmácia e o armazém de secos e molhados eram negócios familiares que dificilmente precisavam de empregados. A maioria das crianças crescia aprendendo o ofício dos pais para muito cedo trabalhar com eles.

Em casa, a comida era farta, mas tudo mais era economizado para garantir a educação dos filhos. Meus pais ganhavam pouco e não se permitiam nenhum luxo. Minto, tínhamos um Ford velho, bem conservado, igual àqueles que a gente vê nos filmes de gângster: preto, com cromados reluzentes e pneus faixa branca. Era usado para passear na cidade aos domingos, pois durante a semana, como tudo era pertinho, íamos a pé mesmo. Nas férias, nosso luxo supremo mas raro era passar uma semana à beira-mar, em uma colônia de férias para professores no litoral de São Paulo.

Na minha época o ensino obrigatório era de apenas quatro anos e se chamava primário. Quem quisesse estudar os quatro anos seguintes, o ginásio, fazia um curso preparatório e um exame de admissão. Eu tinha nove anos de idade e cursava a terceira série primária quando meu pai montou uma sala de aula em um dos quartos de casa. Queria preparar candidatos aos ginásios das cidades vizinhas e ganhar um dinheirinho extra. Para estar com ele, que agora trabalhava dia e noite, eu me sentava numa carteira lá no fundo da sala e ficava acompanhando as aulas. Gostava de admirá-lo dando o que, para mim, era um show de sabedoria. Eu não assistia passivamente como quem vê televisão, prestava atenção e fazia os exercícios. Ficava de boca fechada para não atrapalhar os alunos de verdade, mas brincava de resolver as questões e responder às perguntas, em pensamento, antes dos outros.

No ano seguinte, quando deveria fazer meu curso preparatório, não quis, pois achei que já sabia tudo. Meus pais aceitaram, mas no final do ano, um mês antes do exame de admissão, fiquei inseguro. Confidenciei para minha mãe que estava com medo de não ser aprovado e ela imediatamente me ofereceu ajuda: "Se quiser, eu estudo com você todos os dias até o exame. A gente revisa a matéria toda." E assim foi: estudávamos de segunda a sábado e folgávamos aos domingos.

Chegou o dia do resultado do exame. O sábado amanheceu ensolarado. Apesar do calor de verão, eu estava com um frio na barriga que aumentava com o passar das horas. Tomei banho, vesti roupas domingueiras e fomos para a cidade vizinha. Chegando ao colégio, vi a pequena aglomeração que se formava em frente ao quadro de avisos e corri em direção a ela. Com dificuldade, atravessei aquele mar de pernas de adultos. A relação de aprovados era enorme, várias listagens lado a lado, começando no alto da parede e vindo até embaixo. Eu não sabia que os nomes estavam ordenados conforme a classificação geral obtida no exame. Como era pequenino, comecei a ler de baixo para cima. Depois de ler dezenas de nomes sem encontrar o meu, desisti. Fui saindo cabisbaixo e nem vi meu pai chegar e dar uma olhada no topo da lista. Ele me levantou no ar e disse: "Parabéns, meu filho. Segundo lugar!"

Os anos se passaram e eu estava para me graduar em informática. Depois de um longo processo de seleção, que incluiu um ano de estágio, fui um dos escolhidos para trabalhar na fábrica de computadores da IBM, recentemente implantada na região. Era o emprego ideal:

uma ótima empresa, a menos de 20 km da casa de meus pais. Eles estavam exultantes de alegria. O primeiro filho morava longe, na cidade de São Paulo, mas o segundo ficaria por perto.

Mas o rigoroso processo de seleção durou tempo suficiente para minha cabeça jovem mudar de idéia: quis ir para o Rio de Janeiro e concorrer a uma bolsa de estudo remunerada para fazer mestrado na PUC. Contei a meus pais que ia desistir da IBM para correr atrás desse sonho e que já tinha conseguido uma ajuda de custo para os três primeiros meses. Confiante no futuro, concluí: "Até aqui vocês me sustentaram. De hoje em diante não quero mais mesada. Fico no Rio se conseguir a bolsa de estudo, senão volto e procuro emprego." Sabia que eles não concordavam com minha decisão, temiam que eu estivesse trocando uma oportunidade concreta por uma aventura imprevisível. No entanto ouviram calados, com os olhos cheios de lágrimas. Depois de um instante de silêncio, meu pai falou: "Filho, se é o que quer, vá. Você sabe que nós estamos aqui e pode contar conosco para o que precisar." E foi assim que vim para o Rio de Janeiro, onde me casei e formei minha família.

Foi com o amor de meus pais, que sempre deram o melhor de si para os filhos alçarem seus próprios vôos, que aprendi que é bom ser bom – sem me dar conta de que estava aprendendo.

Não é de hoje que é bom ser bom. Na época das cavernas, o caçador generoso que doava aos vizinhos a carne excedente de suas caçadas acumulava créditos de gratidão para quando a sorte lhe faltasse. Sendo solidários, esses caçadores e seus familiares tinham mais chances de sobreviver e deixar descendentes.

Assim, passados de pais para filhos, os genes que propiciam as virtudes e o amor chegaram aos dias atuais.

Da natureza animal herdamos o *prazer* que recompensa atos alimentares e sexuais. Mas, para incentivar comportamentos como o amor e as virtudes, em algum momento da evolução humana surgiu a *felicidade*. Creio que ela seja um sentimento exclusivamente humano. O animal sente prazer e dor, mas não é feliz ou infeliz, porque lhe falta capacidade mental para avaliar sua qualidade de vida presente, refletir sobre o passado e ter preocupações ou esperanças futuras. A meu ver, a felicidade é resultado de dois passos evolutivos. O primeiro, dado provavelmente por um ancestral nosso e dos macacos, é a capacidade de sentir desejo e prazer por atitudes de preservação da espécie sem recompensa imediata. Já se observou um chimpanzé arriscar sua vida entrando num lago para salvar um semelhante que se afogava. Algum desejo o motivou e, presume-se, algum prazer o recompensou ("orgulho" pela boa ação?). O segundo passo evolutivo indispensável à felicidade foi dado exclusivamente pelo ser humano ao adquirir a habilidade de memorizar e prever sentimentos. A felicidade é um estado de espírito que resulta da situação atual, de expectativas futuras e da memória do bem-estar do passado.

Embora os requisitos emocionais para a felicidade tenham se estabelecido na Pré-História, os meios materiais para sua popularização vieram apenas com o desenvolvimento tecnológico da modernidade. Na Idade Média, por exemplo, metade das crianças morria antes dos cinco anos de idade e mais de 99% dos adultos eram miseráveis, ignorantes e esfomeados que, sem acesso a saneamento básico e remédios, adoeciam com freqüência. Era uma vida sofrida. Apenas as elites, uma parcela ínfima da população, viviam períodos de felicidade. Mesmo assim, era preciso muita sorte, porque reis e rainhas também não tinham água tratada, esgoto, vacinas, antibióticos, anestésicos, etc.

Dá trabalho ser feliz

É difícil definir felicidade. Não sabemos sequer, ao certo, o que nos deixaria felizes. Por mais que as pesquisas indiquem que o dinheiro não traz felicidade, quem não quer ganhar uma fortuna na loteria? Quem no fundo não acredita que seria mais feliz se ganhasse um dinheirão? Milhões de apostadores no mundo todo acreditam.

Para aquele que acerta os números, o sonho vira realidade. Não é mais preciso aturar o antigo chefe nem o emprego. Pode comprar carro importado e roupas de grife, jantar em restaurantes caros ou viajar para o exterior apenas para arejar as idéias. Porém, preocupações inéditas o aguardam: melhor blindar o automóvel; quem sabe mudar para um condomínio com mais segurança e contratar guarda-costas? A vida muda, mas não necessariamente fica mais feliz.

Embora a felicidade seja influenciada pelos prazeres e infortúnios do cotidiano, ela transcende a eles. Filhos causam preocupação, dão trabalho, custam caro e restringem nossa liberdade. Ainda assim nos fazem felizes.

A função da felicidade na natureza humana é a mesma do prazer: perpetuar a espécie. A diferença é que a felicidade premia investimentos de longo prazo como o exercício do amor e das virtudes, enquanto o prazer recompensa atos imediatos como comer e fazer sexo.

Felicidade é um sentimento íntimo de conforto. Ser feliz é sentir-se uma pessoa de "sorte" nas oportunidades que encontra, nas escolhas que faz, nos relacionamentos que mantém. A felicidade também é uma expressão de nosso amor-próprio. Todos gostamos das pessoas boas. O mais sublime sentimento de felicidade vem quando nos reconhecemos virtuosos, sentimos respeito e admiração por nós mesmos.

Quando estamos felizes, parece que as idéias fluem com leveza, otimismo e esperança. Nosso corpo também fica mais ágil. Na tristeza, ao contrário, poucos assuntos dominam nossos pensamentos de forma recorrente e negativa. Nos depreciamos a todo momento. E o corpo fica apático, sem energia.

Algumas pessoas são claramente mais propensas à felicidade do que outras, mas o que me deixa animado é saber que todos podemos ser mais felizes. Dá trabalho, mas vale a pena tentar.

Um bom estado geral de saúde é o primeiro passo. Faz bem cultivar hábitos saudáveis, como recomendamos na primeira parte do livro. O segundo passo é ter as regras de atração entre os sexos sempre em mente para evitar algumas situações e propiciar outras. Finalmente, como a natureza criou a felicidade para premiar o amor e as virtudes, podemos ser mais felizes exercitando nossas virtudes. No próximo capítulo proponho que você identifique as suas, para exercitá-las melhor.

Depoimentos

A felicidade, em grande parte, independe de nossa situação material. Alguns têm pouco e são felizes, outros têm muito e não são.

Pobre e feliz

Wanderléia, 44 anos, negra, gorda, bonita, de alegria contagiante. Virtuosa.

> Meu nome é André, e Wanderléia trabalha há muitos anos comigo. É faxineira. Ganha pouco, mas recebe todos aqueles benefícios que as empresas mais pródigas dão. Tinha vinte e poucos anos quando a conheci. Sem marido, sustentava quatro filhos e morava no morro, num barraco que se enchia de lama e detritos toda vez que chovia forte.

É gostoso olhar para a Wanderléia porque ela está sempre alegre. Tem um sorriso lindo, dentes alvos contrastando com a pele escura. Nas festas da empresa, cai fácil no samba, seu corpo irradia uma alegria de viver que convida à dança.

Apesar do trabalho duro, sempre encontra tempo para entrar nas salas e oferecer um cafezinho para as pessoas. Não é sua obrigação. Faz isso com tanto carinho que sua passagem melhora nosso ânimo para o trabalho. Ela se relaciona bem com todo mundo, dos colegas de faxina aos diretores.

Um dia pediu para ser mandada embora, pois queria o dinheiro da demissão para abrir um negócio próprio: uma carrocinha de cachorro-quente ou pipoca, não me lembro bem. Foi demitida. Meses depois estava de volta, seu negócio tinha dado errado. Eu já tinha visto muita gente sair e depois se arrepender, mas ninguém que tenha conseguido voltar. É política da empresa não readmitir. Acho que os diretores sentiram saudade daquela felicidade contagiante e abriram uma exceção para ela.

O exercício das virtudes propicia vantagens concretas ao trabalhador porque o administrador sabe que o virtuoso torna o ambiente mais agradável e produtivo.

Recentemente, como de hábito, ela entrou em minha sala e me ofereceu um café que acabara de fazer. Brinquei: "Contei para um cara que está escrevendo um livro que você tem uma alegria de viver admirável. Acho que sua história vai ser publicada."
Seu rosto se iluminou: "Oba! Vou ficar famosa igual a Darlene", disse, comparando-se a uma antiga personagem de novela da TV que fazia tudo para aparecer na imprensa. Dias depois, ela saiu de férias e me contaram que era para procurar um de seus filhos que estava desaparecido; havia a suspeita de que pudesse estar morto. Incrível! Nem vivendo esse drama ela deixava de se alegrar quando havia oportunidade.

Wanderléia se acostumou a praticar a generosidade e o bom humor. Sua precária condição financeira não a impede de ser feliz.

RICA E INFELIZ

Tereza, 65 anos, rica e vivendo do passado.

Meu nome é Antônio. Conheci D. Tereza porque fiz alguns trabalhos em sua casa, um luxuoso apartamento de frente para o mar. Ela era uma senhora muito rica que morava sozinha, servida por um batalhão de empregados. Era divertido trabalhar lá. O apartamento parecia um museu. Para falar a verdade, nunca fui a um museu, mas, pelo que sei, é daquele jeito: quadros enormes, tapetes luxuosos, móveis antigos, esculturas, cristais e um monte de outras coisas bonitas. Quando tinha oportunidade, eu adorava ficar olhando as pinturas. Algumas lembravam fotografias, de tão perfeitas; outras eram esquisitas, como o retrato de uma mulher riscado com traços duros, um pedaço do rosto parecendo de frente e o restante de perfil.

Uma vez fiz um conserto dentro de um closet imenso, do tamanho da sala da minha casa. Era permanentemente refrigerado e só tinha casacos de pele, acho que mais de 30. Não sei por que tantos casacos num lugar quente como o Rio de Janeiro!

Enquanto eu trabalhava, ela ia me contando suas aventuras pelo mundo. Era tão solitária que às vezes parecia que eu era a única pessoa com quem conversava. Falava sempre do passado. Aliás, tudo no apartamento lembrava o passado. Não eram só os móveis e os quadros que pareciam peças de museu, as fotografias nos porta-retratos também eram antigas, todas em preto-e-branco – lembranças de seus filhos ainda pequenos ou de viagens da sua juventude.

Algum tempo depois que terminei o trabalho, soube pelo porteiro que D. Tereza tinha morrido. Ela andava triste e deprimida e, apesar de estar sempre acompanhada por enfermeiras que se revezavam dia e noite, deu um jeito e se jogou pela janela. Pobre D. Tereza, que coisa horrível. Tão digna, tão rica... E tão infeliz.

D. Tereza vivia de um passado glorioso, mas não criava oportunidades para exercitar suas virtudes. A depressão deu um fim trágico a sua história.

Pergunta

LEITOR: *Você diz que o amor e o exercício das virtudes nos conduzem à felicidade, mas o amor não lhe parece mais fácil e gostoso?*

Pode ser mais gostoso, mas não é mais fácil. Duvido que você consiga amar alguém apenas porque decidiu fazê-lo, mas acredito que possa ser justo até com desconhecidos. As virtudes podem ser voluntariamente exercitadas, enquanto o amor simplesmente acontece. Além disso, acho que o exercício das virtudes, com alguma ajuda do imponderável, possa conduzir ao amor.

Identificando virtudes

O que é uma virtude? É um sentimento cuja ação beneficia alguém. Não basta boa intenção, é necessário espantar a preguiça, deixar de lado o egoísmo e agir. Seu exercício produz sentimentos positivos que contribuem para a felicidade. Melhoram o ânimo do virtuoso, do beneficiário e até de quem simplesmente a presencia. Importantes pesquisas mostram que as pessoas que levam uma vida virtuosa são mais felizes. Você também será mais feliz se for mais virtuoso. Quer tentar? Então concentre-se nas virtudes de sua maior aptidão, não mais do que quatro ou cinco, e procure exercitá-las sempre que possível.

Preparei uma relação com descrições e exemplos das principais virtudes. Como se fosse uma brincadeira, divirta-se escolhendo suas preferidas.

As primeiras cinco virtudes desta relação

Fidelidade

No uso cotidiano, a palavra "fidelidade" virou sinônimo de exclusividade sexual nos relacionamentos amorosos. É um sentido demasiadamente restrito para tão grande virtude.

Fidelidade é um compromisso que, por vontade própria, assumimos com pessoas ou idéias. É um vínculo forte, mas não necessariamente eterno, pois, embora a fidelidade pressuponha certa tolerância, não faz sentido permanecer fiel a quem insiste em cometer faltas graves ou a uma idéia que tenha se mostrado errada por novos fatos ou conhecimentos.

A fidelidade é a base das demais virtudes. Para uma pessoa ser grata, por exemplo, ela tem que estar duplamente comprometida: moralmente com a própria virtude da gratidão e afetivamente com a pessoa a quem é grata.

A fidelidade cria um clima de confiança que facilita as relações afetivas e o convívio social. Se você se sente particularmente fiel a pessoas e idéias, escolha essa virtude como uma de suas favoritas.

Prudência

Prudência é precaução e cuidado. A pessoa prudente avalia bem as circunstâncias antes de agir. Tem cautela antes, durante e depois de se envolver com pessoas ou situações.

A prudência fornece meios para que as outras virtudes se realizem. Por exemplo, é bom que a prudência anteceda a coragem, pois é ela que diferencia a valentia de uma temeridade, de uma "loucura". As pessoas de ação sabem que quanto mais excepcional for o desafio, mais prudência requer.

Aquele que é demasiadamente seguro de si nem sempre é prudente e pode se sentir tentado a agir movido por sua autoconfiança, esquecendo-se de avaliar corretamente as particularidades da ocasião.

Na Copa do Mundo de 1986 o Brasil apresentava um futebol empolgante. Venceu as quatro primeiras partidas, fazendo nove gols sem sofrer nenhum. Mas nas quartas-de-final empatou em 1 x 1 com a França, então campeã européia. Houve prorrogação sem gols e, em seguida, com os jogadores de ambas as equipes extenuados, a seleção brasileira foi eliminada nas cobranças de pênalti.

Apesar de seus inegáveis méritos esportivos, essa partida tornou-se célebre por uma imprudência: Zico, um dos maiores craques que o Brasil já teve, ficara na reserva, por não estar fisicamente bem. No segundo tempo, um minuto após ter sido colocado em campo, um pênalti foi marcado a favor da seleção brasileira. Ainda "frio", ele cobrou e errou. Se tivesse deixado outro jogador cobrar, possivelmente o gol seria marcado e mudaria a sorte da partida, quiçá do campeonato.

A prudência faz as coisas darem certo. Como o que dá certo não é trágico nem cômico, as histórias de prudência costumam ser maçantes. Mas eu tenho um comportamento prudente que certa vez resultou em algo engraçado. Como gosto muito de ler, levo um livro sempre que vou ser recebido por alguém. Assim, mesmo que a pessoa se atrase, fico de bom humor.

Uma empresa pública não nos pagava havia três meses. Depois de muito insistir, consegui uma audiência com o diretor da área responsável pelo contrato. Peguei um avião para Brasília e, no horário combinado, estava sentado no sofá confortável da ante-sala da diretoria lendo *Os pilares da terra,* de Ken Follett. Depois de quase três horas esperando, já completamente envolvido no livro, cheguei a um ponto emocionante da trama e comecei a chorar de as lágrimas escorrerem. Nesse exato momento a secretária me chamou. Entrei na sala do diretor enxugando os olhos e, tentando conter o choro, lhe falei de nossas dificuldades. Acho que o comovi, pois no dia seguinte recebemos metade do valor devido e a outra metade apenas 15 dias depois.

Se você se considera prudente, use essa virtude para tornar mais eficaz o exercício das demais.

Temperança

Temperança é o que popularmente se chama de "força de vontade". É a capacidade consciente de impor limites ao próprio desejo para que o preço a ser pago pelo prazer não seja alto demais. Quem bebe com temperança, por exemplo, saboreia a bebida, fica alegre, mas sabe a hora de parar, não se embriaga.

A temperança evita que a busca obstinada pelo prazer prejudique a saúde do indivíduo, sua própria felicidade e a de seus familiares e amigos.

Prudência e temperança são virtudes irmãs. Uma nos protege dos perigos do ambiente, a outra de nosso próprio desejo. Por contrariar impulsos vitais da natureza humana, como comer e fazer sexo, a temperança talvez seja a mais difícil das virtudes. Ela requer a vitória da razão sobre a paixão.

Já contei que, me divertindo com a idéia de parecer excêntrico, acabei suprimindo o açúcar de todos os líquidos que bebo. Confesso que, passada a novidade, tive vontade de voltar atrás. Mas sei que açúcar em excesso engorda e faz mal à saúde e optei por consumi-lo apenas onde me dá mais prazer: nos chocolates, sorvetes e outras delícias do gênero. Sou um homem temperante.

É ótimo ser temperante porque quem sabe quando e como parar pode se aventurar.

Coragem

Coragem é a capacidade de superar o medo para atingir um objetivo. Contrapõe-se à covardia, à preguiça, ao sofrimento e ao cansaço. Quanto mais difícil for o êxito, mais se precisa de coragem.

Ela é um pré-requisito para as demais virtudes. Por exemplo, o compassivo precisa de coragem para se manter próximo à dor e ao desespero, e o justo recuaria diante da arbitrariedade dos prepotentes se não fosse corajoso.

Perseverança é a coragem para ir adiante, superando a preguiça e suportando o cansaço e o sofrimento. O indivíduo perseverante luta por seus ideais até o fim e enfrenta dificuldades com bom humor, sem reclamar. Não se deve confundir perseverança com teimosia, que é continuar insistindo mesmo quando a meta já se mostrou inatingível.

Valentia é a coragem para assumir riscos, superar o medo e agir. Hoje em dia costuma ser uma atitude mais mental do que física. Por exemplo, é preciso valentia para defender um amigo ou uma idéia contra a opinião geral.

Se você se sente uma pessoa corajosa, vá em frente, sem menosprezar a prudência.

Justiça

As pessoas são diferentes em força, inteligência, fortuna, posição social – enfim, em poder. As leis, por princípio, buscam a igualdade de direitos. Ou seja, procuram igualar as pessoas para que os interesses das mais poderosas não preponderem sobre os demais. No entanto, como toda obra humana, as leis estão longe de ser perfeitas. A virtude da justiça vai além delas.

O cidadão que vende seu automóvel, por exemplo, conhece-o melhor do que a pessoa interessada em comprá-lo. O vendedor justo revela ao comprador as qualidades e defeitos de seu carro. Embora queira vendê-lo pelo melhor preço possível, acha injusto esconder informações relevantes do comprador em benefício próprio. A pessoa justa usa seu poder – nesse caso a informação – em favor da igualdade de direitos. Defende seu interesse, mas não permite que ele se sobreponha à justiça e leva a sério o bem-estar dos outros, mesmo que sejam desconhecidos. A pessoa justa acredita que todos merecem igual consideração.

Certa vez fui ver um jogo de futebol e houve uma falha da organização. Quando chegamos, todos os lugares de nosso setor estavam tomados. O jogo já havia começado quando um pequeno grupo de torcedores, inclusive eu, encontrou lugares vazios em outro setor. Porém, o porteiro não nos deixou entrar alegando que nosso ingresso não era válido para aqueles lugares. Então um dos barrados revelou-se deputado federal e foi imediatamente admitido, limitando-se a entrar sem interceder pelos demais. Se ele fosse justo, teria usado seu poder em favor da igualdade de direitos e feito entrar as demais pessoas na mesma situação.

Por outro lado, veja do que as pessoas justas são capazes: era perto de meia-noite quando uma das convidadas de uma festa que acontecia perto da minha casa, ao tirar seu carro da vaga, amassou toda a lateral do meu. Tendo visto a cena e percebido que a moça tinha intenção de fugir, minha vizinha Helena correu para impedi-la. Para isso teve de bloquear a saída do carro com o próprio corpo, enquanto Inês, outra vizinha, me chamava. O elevado senso de justiça – e a coragem – delas me salvou do prejuízo.

A fidelidade e a coragem são virtuosas apenas quando bem empregadas. Um criminoso fiel a sua família mafiosa, com coragem para matar inocentes, não é virtuoso. A justiça é sempre virtuosa. É impossível ser justo para fazer mal às pessoas ou, de forma egoísta, apenas em benefício próprio.

Se você se sente uma pessoa naturalmente justa, não se acomode, e aja com justiça sempre que tiver oportunidade.

Depoimentos

É fácil procurar histórias de virtudes nas figuras mitológicas dos santos e dos heróis, mas gosto de buscá-las em pessoas reais, próximas a mim.

Hoje pratiquei o bem

D. Lygia tem 90 anos, é casada há 67, esposa, dona-de-casa, mãe de família e sábia.

Quando olho para o passado lembrando da nossa vida, recordo as palavras de um padre amigo num sermão de casamento: "De toda a eternidade, Deus destinou este homem para esta mulher." Foi o que aconteceu conosco.

Formada num colégio de religiosas, absorvendo seus ensinamentos, não poderia ser feliz como sou se não tivesse por companheiro um marido fiel aos mesmos valores que eu.

Tivemos sete filhos e nenhum veio por acaso. Todos foram desejados e recebidos com tanta alegria que me faz recordar de um episódio pitoresco que ocorreu há mais de 50 anos.

Naquela época, os maridos não podiam acompanhar as parturientes na sala de parto, aguardavam num corredor ao lado, ansiosos por notícias. Quando o médico apareceu e anunciou o nascimento do nosso bebê, meu marido demonstrou tal alegria que um companheiro seu de expectativa perguntou: "Primeiro filho?" Até hoje ele se lembra da cara de espanto do outro pai quando respondeu: "Não, sexto."

Tenho a maior admiração pela mulher de hoje, que acresceu uma vida profissional a suas atribuições sabendo se dividir com equilíbrio nesta multiplicidade de tarefas. Em nossa casa as responsabilidades eram repartidas: meu marido dedicava-se ao trabalho e eu exercia o papel de esposa, dona-de-casa e mãe de família. Criei meus filhos com o entusiasmo da mocidade e sem a ajuda da Psicologia, que em seus primeiros passos era olhada com desconfiança. Sempre fiel à moral cristã que norteou minha educação, muitas vezes errei querendo acertar. Mas o resultado foi muito bom! Quanto a meus erros, consola-me a certeza de que cada geração tem queixas da anterior, pois a vida é um processo e a sabedoria consiste em acompanhá-lo na medida da nossa capacidade.

Inverteram-se os papéis: agora são os jovens que nos instruem nos extraordinários progressos da ciência e da tecnologia. Sinto-me analfabeta quando meus netos me ensinam a usar os aparelhos eletrônicos, como fizeram com o computador onde registro meu diário e escrevo este depoimento.

D. Lygia admira a mulher moderna, se atualiza com os progressos tecnológicos, mas mantém-se fiel aos valores tradicionais.

Meu marido construiu uma casa grande, onde moramos há 54 anos. À medida que cada filho seguiu seu destino, ela foi ficando vazia. Sair daqui? Jamais! Nossa casa é um símbolo do meu ideal de união familiar. Aqui são festejados aniversários, casamentos, batizados e bodas dos filhos, netos e bisnetos. Que satisfação vê-los reunidos nessas datas importantes ou num domingo qualquer, jogando futebol no gramado e tomando banho de piscina.

"Hoje pratiquei o bem,
Não tive um dia vazio.
Trabalhei, não fui vadio
E não fiz mal a ninguém!"

D. Lygia aceita com naturalidade a divisão tradicional de trabalho: o homem provendo a família, a mulher gerenciando a casa e criando os filhos. Tem a consciência tranqüila de quem é fiel a seus ideais.

Comecei este livro contando que eu tinha nascido num vilarejo no meio do sertão, apenas uma rua sem calçamento, ladeada por casas de madeira. Meus pais foram morar nesse fim de mundo porque, naquela época, era em lugares assim que lecionavam os professores em início de carreira. O episódio a seguir ilustra a virtude da coragem (valentia e persistência) e foi escolhido dentre muitas outras passagens comoventes no magistério deles.

Escola rural

Aníbal, 90 anos, meu pai, professor aposentado do ensino fundamental. Ele vai nos contar sua luta para conseguir educar crianças no longínquo sertão.

Professor recém-formado, ganhei meu primeiro posto de trabalho num lugarejo para além da última cidade registrada no mapa do estado. Depois de viajar um dia inteiro por estradas esburacadas, a velha jardineira finalmente me deixou em frente à porteira de uma fazenda. Carregando uma mala pesada, caminhei por uma trilha ladeada de pés de café mais altos do que eu. A noite caiu sem luar. Por falta de opção, segui adiante me aprofundando nas trevas.

Finalmente encontrei uma casa isolada, perdida na escuridão. O morador era um homem pobre, com aspecto doentio. Ele me conduziu até a escola. Chegando lá, me entregou o lampião que usara para iluminar o caminho e se foi. Era apenas uma sala de aula com um colchão encostado num canto, não havia roupa de cama nem travesseiro. Deitei-me e, apesar do cansaço, custei a dormir. Os ruídos noturnos despertaram meu medo.

Essa jornada rumo ao desconhecido exigia dos professores paulistas um pouco da histórica valentia dos bandeirantes.

Acordei com o raiar do sol. Estava em jejum desde a hora do almoço do dia anterior. Saí à procura de hospedagem e, depois de muito andar a pé, achei uma pensão em um lugarejo a 15 quilômetros de distância. Não consegui quarto nem mesmo cama. Fui alojado com dois outros sujeitos numa espécie de depósito com colchões colocados diretamente sobre o chão. Porém esse desconforto não me afligia. Minha maior preocupação era a falta de transporte para a escola.

Indagando pelo povoado, encontrei uma única solução, com sérios inconvenientes: mesmo sem saber montar nem encilhar, comprei um cavalo – e sela, arreios, etc. – que me custou todo o dinheiro economizado para os imprevistos da nova vida.

Na manhã seguinte, procurando me lembrar das recomendações do vendedor, coloquei a sela no animal, ajustei-a da melhor forma possível e montei. Desajeitado, fui sacolejando estrada afora, morrendo de medo de cair. Felizmente, deu tudo certo. Pontualmente às 8 horas da manhã comecei a dar minha primeira aula.

Os alunos, em sua maioria, eram descendentes de japoneses, filhos dos colonos da região. Os mais novos mal sabiam falar português. Numa única sala, a aula tinha de atender a todos, pequenos ou grandes, da 1.ª à 4.ª série. Não era fácil.

No início, eu ficava assado e dolorido com aquelas cavalgadas diárias. Depois me acostumei. Só era ruim quando chovia, porque eu não tinha capa e chegava para dar aula com o terno todo encharcado (na época, os professores do ensino fundamental davam aula de terno e gravata).

Foi um período difícil. Fiquei seis meses sem receber o salário. Sem um tostão no bolso desde que comprei o cavalo, tive que contrair dívidas e implorar pela paciência dos credores. Ainda bem que todos sabiam que salário de funcionário público atrasava mas chegava.

A comida era sempre arroz, feijão, macarrão, ovo e galinha. Não havia carne, leite, laticínios, verduras, legumes ou pão. Nem luz elétrica ou água encanada. O banho era gélido, eu mesmo tirava a água do poço com um balde. Também não havia qualquer tipo de diversão. Acostumado a viver na cidade, sentia falta de tudo, mas não desisti como os últimos professores que tinham passado por lá. Não quis que a ignorância e o analfabetismo saíssem vitoriosos. Fui sobejamente recompensado. Era comovente a dedicação daquelas crianças! Numa ocasião, um aluno em pé no fundo da sala fazia a leitura da cartilha enquanto toda a classe ouvia em silêncio. Eu, na frente, comecei a perceber que algo incomodava o leitor. Ele continuava em posição de sentido, sem interromper a leitura, mas, enquanto segurava o livro em uma das mãos, a outra tentava espanar alguma coisa. Eu me aproximei e vi suas pernas pontilhadas com enormes formigas saúvas. De cada ferroada corria um pequeno filete de sangue. (Você já viu uma ferroada de saúva? Sai sangue.) Que determinação! Que respeito pelo estudo! Com lágrimas nos olhos, interrompi a lição.

O fundo da sala estava infestado de formigas. Para retomar a aula, fomos em mutirão colher varas nas amoreiras próximas. Foi um verdadeiro pandemônio: eu e meus trinta e tantos alunos matando e afugentando milhares de formigas a varadas.

Ao final do ano escolar veio um inspetor de ensino aplicar os exames. Meus alunos obtiveram um dos maiores índices de aprovação da região.

Enfrentei essas dificuldades com naturalidade, sem me aborrecer. Em nenhum momento me arrependi de ter ficado naquele fim de mundo. Tinha orgulho do meu trabalho, sentia-me um herói ajudando a desbravar meu país.

Essa história mostra uma pessoa feliz com o exercício da perseverança, apesar de todas as vicissitudes pelas quais passou.

Atitudes que prejudicam os outros não podem ser consideradas virtuosas. Porém, nada impede que uma virtude seja usada em benefício próprio, como geralmente acontece com a temperança e, no depoimento a seguir, com a coragem.

UM PROFESSOR

Gustavo tinha 20 anos quando esta história aconteceu. O erro que deu certo.

Em minha faculdade as matérias eram semestrais. Havia apenas duas provas, quem atingisse média cinco era aprovado. Os que não atingissem estavam praticamente reprovados, pois tinham que tirar nota alta no exame final, que sempre era dificílimo.

O professor de uma disciplina avançada limitava-se a copiar no quadro anotações que trazia de casa. Ele era bravo, não explicava as dificuldades e ninguém tinha coragem de perguntar. Eu achava que esse comportamento pouco amistoso no fundo escondia sua incapacidade.

Um dia aconteceu um episódio que confirmou minha suspeita. A aula transcorria normalmente, o professor copiava suas folhas no quadro e nós tomávamos nota em silêncio, até alguém o chamar à porta. Ele saiu da sala por um instante para conversarem no corredor. Foi o bastante para que um aluno sacana subisse no tablado e rapidamente trocasse a ordem das folhas sobre a mesa. Quando voltou, o professor copiou na lousa uma página inteira fora de ordem que não fez o menor sentido. Como ninguém riu, ele demorou a notar o engano e se atrapalhou todo até ser salvo pelo sinal do final da aula "longos" minutos depois. Foi absolutamente constrangedor.

O professor deve ter ficado muito "mordido" com essa brincadeira porque a primeira prova foi de arrasar, ninguém se saiu bem. Quando eu e um colega estudávamos para a segunda prova, nos deparamos com um exercício complicado cujo desenvolvimento tinha um detalhe sutil, quase imperceptível. O interessante é que se desconsiderássemos o detalhe a solução ficava mais simples e aparentemente correta.

O tal exercício caiu na prova, valendo metade dos pontos! Errar significava ficar para o exame final com uma média muito baixa e certamente ser reprovado.

Durante a prova fui tomado pela dúvida: o professor teria sido capaz de perceber a necessidade daquele detalhe sutil? Achei que não. Depois de um torturante momento de indecisão, suando nas mãos, arrisquei resolver o exercício omitindo a imprescindível sutileza.

O resultado da prova foi um desastre, apenas eu "acertei" a questão e fui aprovado. O exercício era difícil mesmo, a maioria dos alunos não deve ter conseguido resolvê-lo, mas pelo menos o colega que estudara comigo fez a solução verdadeiramente correta.

Na revisão da prova, ele ainda tentou explicar ao professor a necessidade do maldito detalhe. Não houve jeito, eu presenciei a cena: o mestre ouviu-o impaciente e, sem a mínima disposição para aceitar o que quer que fosse, confirmou a nota do rapaz.

Este episódio é um exemplo de valentia mental. Pouca gente consegue confiar na própria percepção a ponto de se arriscar assim.

Mais seis virtudes

Boa-fé

Boa-fé é o respeito e o amor pelo que acreditamos ser correto ou verdadeiro. Agir de boa-fé é fazer o que nos parece certo e não mentir ou provocar mal-entendidos de acordo com nosso interesse pessoal.

Todavia, é possível se enganar e mesmo assim estar de boa-fé. Suponha que você tenha lido no jornal que haverá um eclipse lunar e avise a um amigo. Mesmo que a informação esteja equivocada e a previsão não se realize, você agiu de boa-fé. O que disse não era verdade, mas era o que você acreditava ser verdadeiro.

Certa vez, quando eu tinha vinte e poucos anos, voltava de moto da casa de minha namorada, devagar, curtindo o lindo dia ensolarado, quando avistei um rapaz vestindo uma espécie de pijama na calçada ao lado de um hospício. Certamente era um interno que acabara de pular o muro. Ele gesticulou para eu parar. Parei. "Eu não sou louco, eles enganaram minha mãe, me dá uma carona para eu sair daqui e pegar um ônibus." Parecia aflito para fugir antes que o recapturassem, mas agia normalmente. "Suba na garupa e segure firme", ordenei. Não sei quem era mais maluco ali: ele ou eu, que o ajudei a fugir. Deixei-o num ponto de ônibus próximo e nem me ocorreu se teria dinheiro para a passagem. Espero que tenha conseguido voltar para casa sem matar ou violar alguém. Na hora não imaginei que pudesse ser perigoso. Depois passei vários dias esquadrinhando os jornais à procura de notícias. Felizmente ele não causou qualquer dano que merecesse virar manchete.

Errei! Não sei onde estava com a cabeça para, em questão de segundos, contrariar o diagnóstico dos médicos que o internaram. O que me consola um pouco é saber que há mais de 30 anos um sujeito era considerado doido por qualquer esquisitice. Até o famoso escritor Paulo Coelho esteve internado naquele hospício.

O fato é que agi de boa-fé, sem malícia e sem buscar vantagem para mim. Acreditei que o rapaz não fosse louco e fiz o que achei correto: salvei-o. Agi com coragem e compaixão, pensando em impedir o sofrimento de um inocente.

Para proceder de boa-fé não é preciso estar certo, basta a convicção da verdade e da correção. Errar é humano.

Generosidade

A generosidade é a virtude que mais imita o amor. Quem ama é naturalmente generoso com o ser amado. Mas o amor é pouco livre, nem sempre nos deixa escolher a quem (ou quanto) amar. A generosidade é a virtude da liberdade de se dar ou dar o que é seu por vontade própria, com ou sem necessidade, simplesmente por poder e querer fazê-lo.

O generoso não se conforma com sua (nossa) capacidade limitada de amar. Gostaria de ser livre para poder amar à vontade, seja cônjuge, namorado, parente, amigo, colega ou estranho. Não sendo possível, ele se contenta em ser generoso. Dá dinheiro, bens materiais, tempo e atenção. Gosta de agradar, abre mão de interesses próprios em benefício do outro.

Se você se sente uma pessoa naturalmente generosa e está em condições de ajudar, não se reprima.

Gratidão

A gratidão é uma virtude que aprofunda o afeto entre as pessoas. Ser grato é reconhecer a generosidade alheia e dar expressão a este sentimento com palavras e atitudes de simpatia, interesse, disponibilidade e recompensa.

O corajoso enfrenta seu próprio medo, o misericordioso perdoa quem lhe ofendeu; compreende-se que seja penoso. Mas qual seria a dificuldade em agradecer a quem somente nos fez bem? A gratidão requer humildade porque é o reconhecimento de uma dívida.

Não há como negar, existe uma permanente contabilidade nas relações humanas. Por mais generoso que seja o benfeitor, ele espera algum retorno – pelo menos o reconhecimento de seus méritos. É um engano pretender não reconhecer a generosidade alheia sem se sentir em falta e sem que o outro se sinta lesado. O altruísmo recíproco é um compromisso moral arraigado em nossa natureza. Os caçadores primitivos que distribuíam o excedente do que caçavam confiavam que, no futuro, seus pares também agiriam assim com eles.

A virtude da gratidão requer grandeza de espírito. O sujeito grato tem consciência das coisas boas que lhe acontecem. Não é grato apenas às outras pessoas, mas, de acordo com suas crenças, a Deus, à natureza e a sua própria existência.

Se você se sente grato, não deixe de expressar seus sentimentos em palavras e atitudes.

Misericórdia

A misericórdia é a virtude do perdão. Perdoar é deixar de odiar, não é esquecer. É impossível esquecer uma ofensa grave sem estar sofrendo de amnésia.

O ex-presidente dos Estados Unidos Bill Clinton teve um caso com a estagiária Mônica Lewinsky, um escândalo mundial. Sua mulher, Hilary, teria motivos de sobra para ficar remoendo a humilhação pública, mas conseguiu perdoar e, meses depois, elegeu-se senadora.

Esse caso não é uma exceção – o maior beneficiário da misericórdia é sempre o próprio misericordioso. É ele que se liberta de sentimentos rancorosos que servem apenas para aprofundar e prolongar a dor, consumir forças e imobilizar.

Misericórdia não é clemência. Abdicar do ressentimento não é eximir de punição. Quem erra merece ser punido, mas apenas com justiça, sem ódio. E perdoar também não implica voltar a acolher. É prudente nos afastarmos de quem nos faz mal. Todo jogador honesto sabe que a única maneira de não ser derrotado por quem burla as regras é recusando-se a jogar. Na vida, a melhor forma de não se prejudicar com pessoas inescrupulosas é não se relacionar com elas: não votar no político corrupto, não comprar do comerciante desonesto, não conviver com o amigo infiel, não trabalhar para o patrão explorador, etc.

Mesmo que essa não seja uma de suas virtudes prediletas, lembre-se de que qualquer progresso no exercício da misericórdia lhe fará muito bem.

Humildade

A humildade é a virtude de quem conhece e aceita sua condição humana. Ser humilde não é se apequenar nem ser subserviente. É ter uma visão sincera e lúcida de si mesmo, conhecer suas próprias limitações e não se deixar inflar pela vaidade.

Quem se acha melhor do que realmente é freqüentemente sente-se culpado por não fazer mais do que faz. A pessoa humilde aceita suas limitações. Dá o melhor de si, mas admite que, dependendo das circunstâncias, sua contribuição pode não ser grande ou não satisfazer as expectativas. Não supervaloriza vitórias ou derrotas pessoais, considera-as assuntos de seu foro íntimo. Portanto, não vê motivos para se vangloriar ou se desculpar.

Há quem diga que somente ateus e agnósticos possam ser verdadeiramente humildes, pois seria de uma soberba infinita acreditar-se feito à imagem e semelhança de Deus ou, simplesmente, criado por Ele. Reconhecer que somos uma espécie animal com emoções subordinadas à natureza, como propõe este livro, já é um primeiro passo no sentido da humildade.

A humildade pode ser praticada nas situações mais corriqueiras. Por exemplo, é humilde aceitar a generosidade. Certa vez, um senhor de 80 anos comentou comigo: "Gosto de jantar fora em família. De vez em quando, quero pagar a conta porque isso me dá a sensação nostálgica de que meus filhos ainda são 'os meus meninos'. Mas acho que eles têm medo de ficar em dívida comigo, pois fazem absoluta questão de ratear a despesa até o último centavo. Apenas minhas filhas, compreendendo a intenção, aceitam a gentileza."

Exercitar a humildade é libertador: o humilde se desvencilha de estressantes expectativas sociais; de ser sempre um "vencedor", por exemplo.

Tolerância

Ninguém é dono da verdade, mas muitas vezes a gente acha que é. A tolerância é a virtude daqueles que admitem que os que pensam diferente podem estar certos e que aceitam a pluralidade de gostos e vontades.

A tolerância é uma virtude, apesar de embutir uma certa soberba, uma complacência com o que consideramos inferior ou desproposi-tado. Amar o próximo até quando ele se opõe a nós seria sublime.

Jesus conseguia. Mas tolerar quem nos contesta já é uma grande proeza. Quando achamos que temos razão, tolerar as opiniões contrárias é uma vitória sobre nossa vaidade, nosso autoritarismo e nosso preconceito.

A tolerância é virtuosa apenas quando bem usada. Por exemplo, é abjeto tolerar o consumo de drogas ilegais porque, segundo a polícia, a maioria dos usuários não é viciada, apenas busca prazer e não se importa que seu dinheiro patrocine tráfico, desencaminhamento de menores, corrupção, torturas e assassinatos.

Admitir a injustiça e a violência é ser cúmplice do mal. Se você se sente uma pessoa naturalmente tolerante, exercite essa virtude, mas cuidado para não aceitar condutas que possam prejudicar vítimas inocentes.

Depoimentos

O depoimento seguinte mostra a generosidade sendo praticada fora do âmbito familiar ou do círculo de amigos íntimos.

MINHA PATROA

Cybele, 35 anos, cozinheira, conta uma história de generosidade.

Olha o que minha patroa fez por uma moça! Ela era pobre e queria progredir. Durante a semana fazia faculdade de Educação Física e aos sábados e domingos vinha para cá trabalhar como folguista.

O marido era bombeiro-eletricista numa empresa de manutenção. Um bom profissional que passava o dia fazendo consertos de casa em casa e ganhava uma merreca no final do mês. Ela dizia que a única maneira de melhorarem de vida era se ele trabalhasse por conta própria, deixando de ser explorado pelo patrão.

Sonhando com esse futuro, o marido comprou um celular para os clientes poderem ligar direto para ele. Custou pouco. Ele tinha certe-

za de que serviço não faltaria, mas como economizar para comprar as ferramentas, se o que ganhavam mal dava para comer? Fizeram uma pesquisa de preço. Foi desanimador, estava tudo caríssimo. Você não vai acreditar, mas quando minha patroa soube dessa história, deu o dinheiro que eles precisavam. Não emprestou, deu. Disse que era para eles não começarem o novo negócio endividados. E não é que ele tinha freguesia mesmo! A moça contou que, do jeito que a coisa estava indo bem, em breve o marido ia ter que contratar um ajudante para dar conta do serviço. Minha patroa ficou contente com a notícia.
Essa menina tirou a "sorte grande". Uma coisa dessas não acontece comigo. Confesso que fiquei com um pouco de inveja. O pior é que, algum tempo depois que a moça recebeu o dinheiro, começou uma baita discussão por causa de uma bobagem qualquer, acho que a criança não queria escovar os dentes, e a folguista virou bicho, fez desfeita, disse que era "horrível" trabalhar aqui. Foi embora, nem esperou para receber as diárias do fim de semana. Nunca mais voltou.

A patroa aproveitou sua oportunidade de ser generosa. Acredito que tenha ficado satisfeita consigo mesma, apesar do incidente desagradável.

A gratidão precisa de oportunidades para ser expressa. A seguir, Marina conta como seus avós as propiciam.

Avós festeiros

Marina, 30 anos, pertence a uma família que gosta de se reunir e fazer pequenos discursos.

Meus avós são uns velhinhos festeiros, adoram reunir nossa enorme família na casa espaçosa onde moram. São quase 70 pessoas, contando os cônjuges de filhos e netos.

O Natal é a reunião familiar mais concorrida, até meus dois primos que moram no exterior comparecem. Um destaque da festa é a brincadeira de amigo-oculto, com sua tradicional trapaça no sorteio. Não é difícil escolher alguém para, na hora da troca de presentes, dizer palavras de reconhecimento.

Muitos de nossos aniversários também são comemorados na casa de meus avós. A casa é enorme, cada um comemora a seu jeito: churrasco com banho de piscina, almoço sentado, jantar formal, festa de dança, baile à fantasia, enfim, são mil e uma possibilidades; apenas a tradição de fazer pequenos discursos em homenagem ao aniversariante antes de o bolo ser cortado é mantida.

Além dos aniversários, que não são poucos em uma família tão grande, todo almoço de domingo é uma pequena festa para quem quiser aparecer. Foi em um desses almoços que presenciei o comovente agradecimento do tio Zé aos pais — esses meus avós "festeiros" — por terem salvado seu futuro. Quem vê o tio Zé, um empresário de sucesso, grisalho e brincalhão, não imagina que seu futuro tenha estado em perigo. Mas esteve. Conforme nos contou, depois de três filhas, nasceu o tão aguardado varão. Qual um "príncipe" mimado, cresceu rebelde e intolerante. Foi expulso de vários colégios por onde passou. Ninguém conseguia impor limites àquele jovem endiabrado, até o dia em que meus avós o colocaram num colégio interno tão severo que beirava o arbítrio e a tortura:

"Num domingo, depois de duas missas, jogar futebol de manhã no campeonato dos melhores como goleiro, à tarde no dos piores como atacante, rezar o terço e participar dos cantos gregorianos, estávamos exaustos a caminho do dormitório quando um padre gritou: 'Parem e organizem a fila.' Retruquei, também gritando: 'Que nada, vamos direto para a cama.' Resultado: passei aquela e as cinco noites seguintes indo dormir uma hora depois dos outros, obrigado a esperar encostado numa das colunas de ferro do pátio central, num frio de dar arrepio em pingüim."

Segundo tio Zé, as drásticas punições do colégio o ensinaram a se impor limites antes que o mundo o fizesse mais dolorosamente, e isso foi essencial para seu futuro.

Fico falando que meus avós são festeiros, mas não é bem assim. Na realidade, eles transformaram sua casa numa espécie de clube familiar, sem o qual não seríamos tão unidos.

Famílias que cultivam o hábito de falar têm mais chances de expressar seus sentimentos. O que, quase sempre, dá bom resultado.

Perdoar não implica, necessariamente, voltar a acolher. Você se lembra da patroa que deu dinheiro para o marido da folguista se estabelecer por conta própria? A história teve continuação.

MINHA PATROA — 2.ª PARTE

Cybele conta como sua patroa perdoou o rompante da folguista.

Depois de quase um ano sem ouvir falar nela, atendi um telefonema da mãe daquela folguista que trabalhou aqui. Queria se desculpar com minha patroa pela atitude da filha. Contou que a moça tinha ficado grávida. Um dia, quando a gravidez já estava adiantada, o marido confessou um caso com uma cliente, que também estava grávida dele. Eles brigaram, a moça não suportou a situação, saiu de casa e foi morar com a mãe. "Minha filha, coitadinha, não está nada bem", lamentou. Antes de desligar, deixou um número do telefone e pediu que minha patroa ligasse de volta.

Quando dei o recado, minha patroa falou: "Que história horrível! Uma pena acontecer uma coisa dessas. Não guardo ressentimento daquela moça. Enquanto esteve conosco foi correta e carinhosa com as crianças. Se ligar de novo, diga que não se preocupe. Por mim, há muito já está perdoada."

Eu pensei que o ex-marido estava "montado na grana", só no

bem-bom, curtindo a vida com a nova mulher. Que nada! Telefonei, a moça me contou que ele tinha "enfiado os pés pelas mãos" e estava tendo que vender suas ferramentas de trabalho para pagar as dívidas que fez com um agiota. E tem mais: ela não tinha pedido para ninguém se desculpar por ela. Quando lhe falei do telefonema da mãe, até desdenhou: "Ela é meio maluca."

Fiquei com pena. Aquela garota foi mal-agradecida, mas não merecia o que o safado do marido "aprontou" com ela.

A misericórdia faz bem a quem perdoa, mas continuar convivendo com o faltoso pode não ser prudente. A patroa da Cybele, depois de perdoar, não quis mais conversa.

As últimas seis virtudes desta relação

Compaixão

Compaixão significa sofrer junto. O sofrimento humano é sempre muito solitário. Compadecer-se é tentar diminuir o isolamento de quem sofre, é ajudar, solidarizando-se na dor.

Compaixão é diferente de piedade. A compaixão é exercida com respeito, costuma aprofundar amizades e propiciar o amor. Piedade é feita com superioridade e distanciamento; é humilhante ser digno de pena.

Caridade também não é compaixão porque não pressupõe o apoio emocional. Sem se envolver com ninguém, você pode fazer caridade doando dinheiro para uma instituição beneficente.

Não é intuitivo supor que compartilhar a dor possa nos trazer bem-estar, mas pode, como você verá no próximo depoimento.

Se você sentir compaixão, experimente dar expressão a ela, pode ser que encontre novos sentidos em sua vida.

Simplicidade

Simplicidade é espontaneidade e ausência de artifícios. A pessoa simples vive sem ficar se auto-avaliando. Faz as coisas esquecendo-se de si própria. Quando vai a uma festa, por exemplo, dança, aprecia a música e os comes e bebes, conversa com as pessoas, enfim, se diverte sem se preocupar em causar boa impressão.

A pessoa simples quer entender a realidade sem complicá-la. Por ser despretensiosa, não precisa ficar falseando a verdade, escondendo isso ou valorizando aquilo.

A simplicidade é considerada a virtude dos sábios e a sabedoria dos santos. Eles têm, respectivamente, capacidade e desprendimento para dispensar as camuflagens das fraquezas humanas: autoridade, complexidade, obscuridade, dissimulação, premeditação, representação...

Vou contar uma velha anedota de simplicidade: um milionário nova-iorquino encontra um amigo em Londres. Percebendo-o intrigado com seus trajes simples, explica-se: "Fico à vontade em Londres porque ninguém me conhece." Tempos depois, o encontro se repete em Nova York, e o milionário, mais uma vez modestamente vestido, diz: "Aqui na minha cidade fico à vontade, todo mundo me conhece."

Mesmo que a simplicidade seja inalcançável, é cômodo ser um pouco mais simples.

Pureza

Ser puro é amar com desinteresse. É puro o médico que se orgulha da saúde de seus pacientes, o jornalista que vibra com a notícia e o arquiteto apaixonado por beleza e funcionalidade. O profissional puro ama o que faz acima do dinheiro ou da projeção que sua atividade possa lhe dar.

Faz parte da pureza ver o mundo com pureza. Não estar sempre de sobreaviso, desconfiado, enxergando maldade em tudo e em todos. A pessoa pura não se aproveita das fragilidades do outro para reafirmar sua força e confia que o outro também vá agir da mesma forma. É sempre arriscado confiar na pureza alheia; ainda assim, o puro prefere apostar no conforto das relações baseadas na confiança mútua.

Mahatma Gandhi, o político que levou a Índia à independência, é um grande exemplo de pureza (também de fidelidade, simplicidade e humildade). Ele lutou pela dignidade de seu país por amor ao povo e à idéia de liberdade. Nada quis para si, morreu como sempre viveu, sem propriedades ou riquezas, sem cargos, títulos ou honrarias. Somente seu funeral foi uma cerimônia apoteótica – como estava morto, ele não pôde impedir.

Para amar com desinteresse, você tem que se concentrar no que faz, esquecendo-se um pouco dos benefícios que possam advir. Acreditar que a recompensa venha naturalmente. E ter o dom de conviver com pessoas em quem possa confiar. Se você consegue e gosta de se conduzir assim, pode escolher a pureza como uma de suas virtudes favoritas.

Doçura

A doçura é a virtude da flexibilidade, suavidade, ternura, benevolência, paciência e devoção. Ela se opõe à dureza, brutalidade, provocação, cólera, indiferença e desatenção. Ser doce é não querer que o outro sofra qualquer incômodo.

Quem tem medo recua ou agride. A doçura é a força de pessoas seguras que resolvem situações difíceis sem precisar intimidar. Infelizmente, a doçura nem sempre é possível, pois pessoas muito embrutecidas ficam imunes a ela.

Trata-se de uma virtude essencialmente feminina. As mulheres são naturalmente mais doces. No trabalho, por exemplo, é comum as mulheres realizarem feitos inacreditáveis com doçura.

Numa empresa em que trabalhei, aconteceu o seguinte episódio: embora estivéssemos em dia com nossos impostos, não conseguíamos o nada-consta municipal de que precisávamos para participar de uma concorrência pública. Depois que os funcionários encarregados de obtê-lo se deram por vencidos, a questão foi levada aos advogados da empresa. A justiça foi imediatamente acionada. Não obstante, na manhã seguinte, a advogada Mariana passou rapidamente no trabalho, pegou uma papelada e saiu. Estava especialmente bonita. No final da tarde, voltou trazendo o tão aguardado documento. Cansada mas exultante com o sucesso, contou que passou o dia todo na prefeitura dando explicações e mostrando comprovantes. Ouviu tudo o que os funcionários tinham a dizer. Uns falaram de impostos, outros reclamaram de seus salários, e houve até quem aproveitasse sua atenção e simpatia para confidenciar dramas pessoais. Com doçura, ela triunfou onde ninguém havia conseguido.

Ser doce é um privilégio. Se você tem esse dom, não se iniba de usá-lo.

Bom humor

Viver de bom humor é não se levar muito a sério. Quem está muito cheio de si não tem humor, nem simplicidade ou humildade.

É importante diferenciar o verdadeiro humor da zombaria em qualquer de suas nuances: ironia, sarcasmo, deboche, etc. Quem ri com humor, ri de si próprio, ou ri do outro com simpatia, comungando com ele as fraquezas humanas. Quem zomba do outro exclui-se do motivo da piada. É como ouvi certa vez: brincadeira é quando todos se divertem; quando alguém não acha a menor graça é porque está sendo agredido.

Tudo de ruim pode ser engraçado: as misérias do mundo, os desencontros do amor, o que é defeituoso e o que deu errado. O bom, o belo e o sucesso, não. Por isso, a doçura é tão importante no humor.

A pessoa bem-humorada tem facilidade para achar graça na vida e nas bobagens. Ri facilmente. Gosta do aspecto engraçado das situações. Não leva as coisas mais a sério do que elas merecem. Agindo assim, livra-se das dores da vaidade.

Os filmes do Woody Allen estão repletos de maravilhosos exemplos de bom humor. Seus personagens zombam das fraquezas humanas ridicularizando-se a si próprios. São tantos os exemplos que fica difícil escolher um. A fala do Woody Allen na introdução do filme Annie Hall é mais ou menos assim:

Duas velhinhas estão num resort. Uma diz: "A comida aqui é horrorosa." E a outra responde: "É, sim, e as porções são tão pequenas."

Essencialmente, é o que sinto da vida, cheia de solidão, miséria, sofrimento e infelicidade, mas passa tão depressa. Outra piada importante para mim é usualmente atribuída a Groucho Marx: "Eu nunca entraria para um clube que tivesse sócios como eu." Essa piada é a chave de meu relacionamento com as mulheres. Algumas pessoas são de um bom humor contagiante. Se você é uma delas, divirta-se.

Amor

O amor compreende todas as virtudes. Porém, ele não é considerado propriamente uma virtude e sim uma graça. Estar em estado de graça é ser virtuoso naturalmente sem estar determinado a sê-lo. O amor materno é um bom exemplo: se o filho tiver fome, a mãe o alimenta; se adoecer, ela sofre com ele; se errar, ela o perdoa... Porque o amor a faz generosa, compadecida, misericordiosa...

A grande limitação do amor é que a disposição de fazer o bem se restringe às poucas pessoas amadas.

Existe espaço para as virtudes no amor? Claro que sim. O amor real é complexo, limitado por emoções conflitantes de posse, ciúme, egoísmo e até ódio. Ser virtuoso no amor é esforçar-se para ir além do ponto aonde o encantamento nos conduz espontaneamente.

Depoimentos

Veja como a compaixão deu um novo sentido à vida da Selma e a fez mais feliz:

Procurando um novo amor

Selma tem 55 anos, é alta, magra, tem olhos azuis e cabelos tingidos de louro. Procurando um novo amor, encontrou netos.

No dia do meu aniversário de 46 anos o Bruno me comunicou que estava saindo de casa. Propôs um divórcio amigável e garantiu que continuaria arcando com os estudos das meninas e me ajudando no que fosse necessário.

Primeiro, me senti lesada. Por ele, tinha abandonado meus estudos e uma promissora carreira no voleibol. Fui ser secretária, sustentar a casa para ele se dedicar a seu negócio, que ainda estava no vermelho. Agora, Bruno é um pequeno empresário de sucesso e eu não realizei nenhum dos meus sonhos da juventude. Mas sou uma pessoa sensata, achei melhor não criar caso. E o Bruno cumpriu sua palavra: além das despesas das nossas filhas, paga meu plano de saúde e troca meu carro de dois em dois anos. Continuei trabalhando, morando com minhas filhas, mas sentia um vazio: precisava de um companheiro. Tinha devaneios de encontrar um homem maduro, bonito e gentil, que se interessasse por mim. É, acho que era de interesse por mim, atenção, consideração que eu mais sentia falta. Minhas filhas, jovens e independentes, me tratavam como um estorvo necessário. Procuravam-me por comida e roupa lavada, mas faziam troça dos meus assuntos. No trabalho, eu era considerada competente e confiável, mas quem dá atenção aos anseios e pontos de vista de uma secretária? Até os pequenos contatos pessoais do meu dia-a-dia com colegas, fornecedores e clientes foram sendo substituídos por fax e e-mails. Cheguei a maldizer o avanço tecnológico dos últimos anos.

Depois da meia-idade, muitas mulheres sentem mais necessidade de acolhimento que de sexo. É natural que seja assim. No mundo primitivo, a mulher precisava da proteção masculina a vida toda e de sexo apenas enquanto fosse fértil. Selma verbalizou esse sentimento: "É, acho que era de interesse por mim, atenção, consideração que eu mais sentia falta."

(As mulheres que fazem reposição hormonal sentem mais necessidade de sexo porque seus níveis hormonais ficam artificialmente elevados).

Os homens da minha idade que eu conhecia eram casados ou, se separados, eram amigos do Bruno e pareciam se constranger quando eu me aproximava. Saí algumas vezes na turma das minhas filhas. Tinha até uns garotos bonitinhos, mas era só eu começar a abrir o coração que eles faziam cara de tédio. Aí desenvolvi uma estratégia. Sou uma mulher decente, não freqüento bares ou casas noturnas sozinha. Mas descobri que podia ir a esses cafés franqueados, tomar um cappuccino, ler um jornal ou revista e quem sabe... Virou uma obsessão. Durante dois anos, eu não via a hora de chegar o sábado e me arrumar para sair. Ficava até um pouco irritada se alguém vinha me visitar nesse dia ou me convidava para outro programa. Pegava um cinema e depois ia para o café, sozinha. Nunca nada acontecia do jeito que eu esperava, e eu voltava para casa a uma, uma e meia da manhã, desapontada, o coração batendo rápido por causa de tanta cafeína. E ficava acordada, pensando que eu estava velha e não ia mais encontrar o amor. Para pegar no sono, fantasiava sempre uma mesma história, em que um belo cavalheiro me dizia: "Eu estava justamente procurando alguém madura e inteligente como você..."

Como as "louras-burras" já descobriram, a maturidade afasta os homens.

Quando eu tinha 54 anos minha mãe faleceu. Deus que me perdoe, mas foi a melhor coisa que me aconteceu. Nas três semanas que durou sua agonia, eu passava as noites no hospital velando por ela. E nos fins de semana ficava lá o dia inteiro. Acabei me familiarizando com a rotina do hospital e conhecendo um serviço voluntário de companhia para crianças internadas com câncer.
Faz tempo que eu não vou a um café. Para falar a verdade, tenho pensado pouco em homem, sexo, nessas coisas. Meu maior prazer agora são os três dias da semana em que vou ao hospital brincar com as "minhas" crianças, ler para elas, pô-las para dormir. Estou sempre pensando nelas, levo lembrancinhas e vejo como seus olhinhos brilham quando eu chego. Os médicos, as enfermeiras e as

assistentes sociais também parecem gostar muito de mim. E, modéstia à parte, eu sou a voluntária mais nova e bem-apessoada de lá. Quem sabe um dia desses, um oncologista viúvo...

As filhas da Selma não têm filhos, ainda nem se casaram. Pelo caminho da compaixão, ela pode dar expressão a seus instintos de avó cuidando de suas crianças, protegendo-as e se alegrando com elas. Está feliz.

O depoimento a seguir é um exemplo de como o amor materno inclui diversas virtudes.

POR AMOR

Letícia, 35 anos, arquiteta. Uma mãe valente, determinada a dar uma vida feliz a seu filho.

No dia 22 de dezembro nasceu meu filho, com sete meses (31 semanas). Recebeu nota máxima de "apgar" (teste respiratório) e foi conduzido à UTI neonatal para exames de rotina. Em seguida, fomos surpreendidos com a notícia de que ele quase falecera. Alguma coisa havia acontecido que mudaria nossas vidas para sempre.

Meu parto ocorreu às 18h. Depois que as visitas se foram, ficou apenas aquela notícia trágica e o silêncio noturno do hospital. Caí no choro. Meu peito ficou dolorido de tanto chorar.

No dia 24 de dezembro, recebi alta para passar a noite de Natal em casa, mas meu filho, com dois dias de vida, ficaria na UTI. Queria ficar para acariciá-lo, ser seu porto seguro, mas os médicos fizeram questão de que eu fosse para casa e não tive forças para contrariá-los.

Em casa, eu acordava sobressaltada e, ato contínuo, telefonava para saber se meu filho continuava vivo. Finalmente chegou o réveillon. Todos estavam animados, mas eu sofria. Estranho, 10 dias atrás eu nem o conhecia e agora chorava por não tê-lo ao meu lado. Voltei ao hospital no dia 1º e encontrei meu filho com parte da cabeça raspada. As veias do corpo já não suportavam mais agulhas. Daí em diante, eu ia para o hospital todos os dias. Na UTI, sentava-me numa cadeira e colocava meu filho no colo, com seu ouvido sobre meu coração. Ficava horas assim, acariciando suas mãozinhas, sua face, qualquer ponto onde a confusão de fios que o conectavam à aparelhagem permitisse. Agia intuitivamente, sentia que isso era bom para ele. Na época, eu ainda não conhecia o projeto "Mãe canguru" que comprovou a eficácia do colo materno para o restabelecimento dos bebês.

A compaixão é o fio condutor de toda essa história. Em momento algum esse filho vai sofrer sozinho, contará sempre com a companhia e o apoio da mãe.

Finalmente, meu filho atingiu peso suficiente para sair do hospital, mas não recebia alta porque não conseguia mamar. Fazia as refeições através de uma sonda introduzida pela garganta. Enquanto ele chorava agoniado com o tubo que o alimentava, os enfermeiros tentavam fazê-lo sugar o leite de uma chuquinha. Era uma tortura. Um dia, não permiti que colocassem a sonda. Adivinhe? Mamou tudo e recebeu alta.

Levamos nosso filho para casa, após 21 dias de internação, com a notícia de que ele sofrera uma isquemia cerebral que deixaria seqüelas no desenvolvimento motor do lado esquerdo de seu corpo.

Meu marido é um grande empresário e, como seus pares, tem a agenda cheia de compromissos. Para o bem do meu filho, resolvi assumir a responsabilidade de fazê-lo crescer feliz.

Eu amava a arquitetura, sentia-me realizada na profissão, gostava de ter meu próprio dinheiro e de ser independente. Mas tomei a decisão de parar de trabalhar porque o amor não me deu escolha, meu filho precisava de dedicação total.

Letícia foi extremamente generosa. Abriu mão de orgulho profissional e independência financeira para dar ao filho o que tinha de mais precioso: seu tempo e sua dedicação.

Durante seu primeiro ano de vida, levei-o a incontáveis médicos e sessões de fisioterapia. Assistia a tudo, perguntava, esforçava-me para entender. Estudava. Intervinha sempre que discordava dos especialistas. Quando ele tinha dois anos, uma médica fisioterapeuta de Chicago, autoridade mundial em reabilitação, veio ao Brasil dar um curso para especialistas. Movi mundos e fundos para que visse o Pedro.

Ela examinou meu filho sob o olhar atento de uma platéia lotada de profissionais de saúde. Depois, quis amarrar sua mão direita para obrigá-lo a usar a esquerda. Ele urrava assustado. A idéia de forçá-lo a exercitar a mão deficiente parecia boa, mas amarrá-lo numa sessão pública era mais do que desrespeitoso, era hostil. Interrompi a apresentação e levei meu filho embora. Foi um caos. A platéia olhava incrédula. No dia seguinte, barraram minha entrada. Tempos depois, li que descobriram que quando a criança chora esse tipo de tratamento torna-se ineficaz, pois não se estabelece a devida conexão no cérebro. Minha intuição estava correta. Um dia, reparei que, sempre que estamos de mãos dadas, seguro a mão direita de meu filho e deixo a esquerda livre, como queria a doutora. Com delicadeza, sem traumas.

Letícia é uma mulher corajosa. Valente, pelo bem do filho assume até o risco de contrariar recomendações médicas. Perseverante, busca sua reabilitação incansavelmente, vencendo a preguiça, o cansaço e o sofrimento.

Pedro já tem quase cinco anos. É uma criança alegre, sem seqüelas emocionais; anda, corre, brinca e estuda numa escola de crianças normais. Outro dia, estávamos conversando e pela primeira vez ele demonstrou ter percebido que é diferente dos amiguinhos. Expliquei que ele teve um "dodói" quando nasceu, mas que ia ficar bom. Como sua mão direita é hábil e forte, falei que ia lhe contar um segredo: um pouco da força de sua mãozinha esquerda tinha passado para a direita, dando-lhe "superpoderes". Falei de coração. Quero que encare sua diferença com leveza, sem negativismos. Ele, animado, perguntou-me se podia contar o segredo ao pai. Algumas pessoas olham com inquietação a forte ligação que temos. Não me preocupo. Sei que, a seu tempo, ele vai ficar independente. Ter se adaptado tão bem no colégio já é um bom começo. Minha luta continua. Porém, isso não impede que me sinta feliz e orgulhosa sempre que o vejo sorrindo e brincando com outras crianças.

Fidelidade é um compromisso sólido com pessoas e idéias. "Minha luta continua", diz Letícia, fiel a seu filho e à idéia de fazê-lo feliz. O amor de mãe compreende muitas virtudes. Neste caso já destacamos compaixão, generosidade, coragem e fidelidade. Por fim, lembro que pureza é amar com desinteresse. Não existe amor mais desinteressado que esse de Letícia por Pedro.

Pergunta

LEITORA: *Não sinto especial "aptidão" por nenhuma virtude. O que faço?*

Virtude requer esforço, caso contrário seria "apenas" amor. Não se preocupe, somos todos mais ou menos egoístas. Mas, respeitando suas limitações, identifique as virtudes menos difíceis para você e, daqui para a frente, procure exercitá-las. Sugiro que você releia a lista num momento em que esteja com mais disposição para fazê-lo com otimismo e esperança. E comece pela humildade: não seja tão rigorosa em sua auto-avaliação.

Exercitando virtudes

Os prazeres são o tempero da vida. Porém, assim como não se pode fazer uma refeição somente com temperos, é impossível viver apenas de prazeres. Quem não se entende com os filhos, não investe no próprio casamento e faz seu trabalho de má vontade não pode se sentir feliz, mesmo que tenha dinheiro, sexo e champanhe à vontade.

Para ser feliz, você deve dar asas às virtudes, exercitá-las, deixar que melhorem sua vida e o mundo que o cerca. Foi para você se preparar para usar suas virtudes que eu o incitei a identificá-las. O uso constante do que há de melhor em você vai fazê-lo mais feliz, tornar mais fáceis seus desafios e mais receptivas as pessoas ao seu redor.

Mas não se esqueça de que virtudes ideais são inalcançáveis. Ninguém é absolutamente corajoso ou sempre corajoso, por exemplo. Não cobre de si mesmo perfeição nem grandes heroísmos, apenas fique atento às oportunidades.

Tem gente que acerta na Mega-Sena e fica milionário da noite para o dia. Acasos felizes acontecem. O que pede uma explicação é como algumas pessoas têm sorte constante, parece que tudo dá certo para elas. Não acho que seja um fenômeno fortuito como acertar na loteria. Acredito que o mundo as trate melhor em retribuição ao bem que fazem. No ambiente de trabalho, por exemplo, entre pessoas de mesma competência técnica, as mais bem-humoradas são sempre mais valorizadas. Se você fosse promover um subordinado, escolheria o generoso que colabora com os colegas ou o egoísta que "esconde o jogo", o mais ou o menos justo, o mais ou o menos persistente? E como cliente, ia querer ser atendido por quem? Definitivamente, todo mundo prefere os virtuosos.

Há muitas maneiras de ser virtuoso. Algumas pessoas não se limitam à espécie humana e lutam para proteger animais em extinção. Outras atravessam o mundo para levar compaixão a seus semelhantes, como aconteceu por ocasião do grande tsunami asiático. Não sou capaz de atos dessa magnitude; todavia, esforço-me para perceber os pequenos dramas a meu redor e, havendo oportunidade, exercito minhas virtudes.

Depoimento

Ocasiões para exercitar virtudes surgem em família, com amigos, no trabalho, a toda hora e em qualquer lugar. Fique atento e lembre-se de que quando existe afeto fica mais fácil ser virtuoso.

O BRIGADEIRO

Aos 52 anos de idade, por compaixão, fiz meu primeiro tabuleiro de brigadeiros. Fiquei orgulhoso com o sucesso da empreitada.

Estava tendo uma noite só para mim: minha mulher havia saído para jantar com antigas amigas do colégio, meu filho ia dormir na casa de um amiguinho e minha filha fazia não sei o que em seu quarto no mais absoluto silêncio. Sozinho no sótão, me divertia assistindo a um jogo transmitido ao vivo de alguma parte do mundo: tênis, basquete, futebol americano, não me lembro, qualquer esporte me distrai.

Lá pelas 11 da noite, minha filha adentra o sótão com fisionomia transtornada, esforçando-se para não chorar.

– Pai, amanhã é a festa da minha turma no colégio! Fiquei de levar os brigadeiros e me esqueci de falar com a mamãe.

Era a despedida pelo fim do ano letivo e cada aluno se responsabilizara por levar alguma coisa. Confesso que na hora não captei a gravidade da situação e ri achando graça de ela se desesperar por "tão pouco".

– Pai! Você ri? Está todo mundo contando comigo, não sei o que vou fazer.

Nesse momento percebi que Clarisse, então com 9 anos de idade, sofria com a perspectiva de frustrar a confiança de colegas e professores.

Entender a dor do outro é a primeira parte da compaixão. A outra é se interessar pela solução como se o problema fosse seu.

– A que horas começa a festa? – perguntei, para ver se daria tempo de comprar os brigadeiros no dia seguinte, numa lojinha de doces próxima.

– Às 8 da manhã.

Ri novamente, desta vez da enrascada em que nós dois estávamos metidos. Felizmente, após um instante de reflexão, encontrei a saída.

– Você conhece meu lema: "Nada tema, com Flávio Franklin não há problema." Ligue o computador, entre na internet e procure pela palavra "brigadeiro". Há de vir alguma receita. Encontre uma bem simples, que eu vou ajudar você.

– Pai, achei! Vou imprimir — disse momentos depois, excitada pela idéia de fazer uma farinha com o pai.

Fomos juntos para a cozinha, felizmente tinha tudo na despensa, até as forminhas apropriadas. Para fazer bastante brigadeiro, dobramos as quantidades da receita. Misturamos os ingredientes numa panela e ficamos mexendo durante o tempo recomendado. Em seguida, colocamos para esfriar para poder fazer as bolinhas. Acho que deveríamos ter aumentado também o tempo de cozimento, porque, ao esfriar, o doce continuou mole.

– Ih, pai! Deu errado.

– Nada tema, com Flávio Franklin não há problema. Vamos recolocar o brigadeiro na panela e deixar ferver mais uns 15 minutos.

Acostumada a dormir cedo, minha filha estava caindo de sono, mas continuava firme a meu lado, pronta para colaborar. Mandei-a ir para a cama sem se preocupar, pois o problema já estava "resolvido", agora era apenas uma questão de tempo.

À uma hora da manhã, quando minha mulher chegou em casa, me encontrou orgulhoso ao lado de um grande tabuleiro de brigadeiros. Uma beleza!

No dia seguinte, de volta da escola, Clarisse me telefonou animada:

– Pai, os brigadeiros foram um sucesso! Quando cheguei, comi um para ver se estava bom, achei uma delícia. Quando fui comer outro, já não tinha mais. Não sobrou unzinho "para contar a história".

Esse depoimento mostra que as virtudes podem ser exercitadas nas situações mais corriqueiras. E ensinadas pelo exemplo.

Três palavras para o amor

O senso comum diz que não há felicidade sem amor. Está certo. O que não está correto é pensar o "amor" como sendo somente o amor erótico simplesmente por ele ser a mais exuberante das manifestações amorosas.

Esse mal-entendido acontece em línguas como o português, em que a palavra amor tem inúmeros significados, desde o comezinho "gostar muito de" que aparece em frases como "amo chocolate" até o reverente "adorar" de "amo a Deus". Se olharmos os últimos depoimentos, veremos que o amor da estudante Dora por seu colega de vestibular não é o mesmo da pediatra Roberta pelo marido, e ambos são completamente diferentes do amor que Letícia nutre pelo filho que sofreu isquemia cerebral.

A maneira mais simples de distinguir os vários significados da palavra amor é recorrendo à língua grega, em que cada forma de amar tem seu próprio nome. Vou me restringir àqueles que descrevem os amores de Dora, Roberta e Letícia: *eros, philia* e *ágape*.

O frio na barriga, as pernas bambas, o coração que ora dispara, ora desfalece, são sintomas de *eros* (de onde derivou a palavra "erótico" em português). É o amor que se confunde com o desejo. O apaixonado tem certeza de que ama o outro, mas na realidade projeta seu desejo nele e ama essa projeção. O outro não pode se afastar, ter múltiplos interesses ou querer partir porque sua obrigação seria estar sempre a serviço do apaixonado. O amor possessivo é emocionante mas pouco feliz. Não é à toa que a palavra paixão significa sofrimento, daí a "paixão" de Cristo não se referir ao amor que Ele tinha pela humanidade, e sim ao imenso sofrimento que suportou antes de morrer.

No depoimento "Don Juan sem espada", vemos o sofrimento de Viviane depois de se apaixonar por seu chefe. Não sabemos bem o que se passava no coração dele, mas fica claro que Viviane se apaixonou por suas próprias fantasias. Além de palavras sedutoras, ele pouco lhe dava. Conforme ela nos contou: "Dizia-se perdidamente apaixonado, mas sua iniciativa ficava muito aquém das minhas expectativas: não propunha compromisso nem ao menos uma loucura romântica…" Como vemos, ela tinha consciência da insignificância do que recebia. Porém, de que vale a consciência ante a força de uma paixão?

O amor apaixonado pode terminar em sofrimento e desilusão ou transformar-se em *philia*, um amor mais generoso, com espaço para acolher diferentes individualidades. Embora menos excitante que *eros*, *philia* é mais feliz e duradouro. É o amor do bem-querer que existe entre pais e filhos, entre amigos, entre irmãos e nos casais em que há cumplicidade entre homem e mulher. Um amor para compartilhar alegrias e tristezas da vida com confiança e intimidade, que deixa espaço para o exercício das virtudes: fidelidade, generosidade, compaixão, humor, etc.

Eros é egoísta, *philia* não. Minha mulher e eu costumávamos caminhar juntos quase todas as manhãs. Fizemos isso durante vários anos. Era gostoso porque, além do exercício, tínhamos uma hora completa de boa conversa, sem interferência dos afazeres cotidianos ou das crianças. Mas desde a infância ela tinha um sonho: ter um cavalo e aprender a montar. Finalmente pude lhe dar um cavalo de presente. Agora ela monta pela manhã e eu perdi minha companheira de caminhadas. Em compensação, sua alegria me faz mais feliz.

Ágape é a forma mais sublime de amor. É o amor-renúncia, a doçura de ser menos, de ser menor em favor do outro. É a renúncia à plenitude do poder pessoal de um abrindo espaço ao desabrochar do outro. Requer um amor profundo. Pais fazem isso por seus filhos. Casais também podem atingir esse patamar.

Vou dar um exemplo de *ágape* que acontece no meio empresarial, geralmente associado mais à frieza de sentimentos que ao amor. O empresário dedica sua vida a construir um negócio no qual deposita seu suor e suas esperanças e de onde extrai muito de seu orgulho pessoal. Porém, chega um momento em que acolhe seus filhos na empresa e começa a retrair-se para que ocupem espaços que eram seus e ganhem maturidade. Finalmente, fortalecidos pelo *ágape* paterno, os "meninos" suplantam o "velho pai".

O amor de Dora em "Confesso que amei" é *eros*. Brincando de provocar o colega estudioso, por quem nem tinha um interesse especial, ela desperta seu próprio apetite sexual e, a partir de então, quer satisfazê-lo. O amor de Roberta em "Pelo telefone" é *philia*. Mesmo preterida, continua querendo bem ao marido: "Apesar de magoada com Paulo, eu ainda gostava dele, não queria que se afastasse demais e acabasse perdendo o afeto das crianças." O amor de Letícia em "Por amor" é *ágape*. Ela, uma arquiteta de sucesso, renunciou a seu orgulho profissional e independência financeira pelo desenvolvimento do filho, se apequenou para ele desabrochar.

Estou convencido de que o amor pode conduzir às virtudes e estas ao amor. São sentimentos afins.

Gostei de você

Já falei bastante de sentimentos individuais e gostaria agora de fazer um breve comentário sobre as paixões coletivas. Não é espantoso que um jogo de futebol possa levar multidões ao delírio ou à depressão, causar brigas e até mortes entre torcedores que nada têm a ganhar ou perder, mas que se emocionam como se suas vidas dependessem daquela disputa?

A resposta mais uma vez está na formação de nossos instintos de preservação da espécie, na pré-história, época em que precisávamos de grandes extensões de terra para caçar e coletar. Quando o alimento se tornava escasso numa região, tribos vizinhas guerreavam pela sobrevivência, cada qual cobiçando anexar o território alheio. Somente os guerreiros se enfrentavam, mas o destino da tribo era único: expulsão ou morte na derrota; mais terras e alimentos na vitória.

Essa situação se reproduz nas modernas competições esportivas: somente os jogadores profissionais se enfrentam, mas as respectivas torcidas se sentem comprometidas com o resultado. Até a nomenclatura é a mesma; se antes tínhamos as nações indígenas, hoje temos as "nações" flamenguista, corintiana, etc.

Quando ocorre violência nos estádios, os jornais costumam dizer que os torcedores se portaram "como selvagens". Existe uma verdade profunda nessa aparente figura de linguagem. Em dias de jogo, ser torcedor de um time é pertencer a uma tribo em guerra. Instintivamente, o sujeito se sente sob ameaça de morte, tomado por forte tensão emocional. Se por um lado esse estado de ânimo faz o esporte ser tão eletrizante, por outro leva o torcedor às raias da violência. E para agravar o quadro, essa conjunção atrai índoles agressivas interessadas em utilizar o ambiente excitado como estímulo e pretexto para o vandalismo. Aos poucos, a ciência vai tornando os sentimentos humanos menos misteriosos. É reconfortante saber que nossas principais fraquezas são próprias da natureza humana, que fazer dieta é difícil, que ter preguiça para se exercitar é normal e que se apaixonar pela pessoa errada ou na hora imprópria acontece. Tudo isso faz parte de nosso "pecado original": a herança genética comum a toda a humanidade.

À medida que a felicidade vai sendo estudada, algumas crenças populares têm se mostrado falsas. *O dinheiro traz felicidade.* Não. Ele deixa de exercer influência significativa a partir do momento em que as necessidades básicas são atendidas. *Jovens são felizes e descontraídos.* Não. Eles ainda não têm as ferramentas psíquicas necessárias para resolver seus conflitos emocionais. Aos 18 anos, o lobo frontal do cérebro – principal responsável por nossa inteligência emocional – não está nem fisicamente completo. *A escolaridade contribui para a felicidade.* Não. Para desilusão de pais e mestres, os mais inteligentes e cultos não são mais felizes. *A vida dos solteiros é invejável.* Não. Os casados são mais felizes e fazem mais sexo do que eles. *O morador de um lugar ensolarado como o Rio de Janeiro é mais feliz do que quem mora em uma "terra da garoa" como São Paulo.* Não. Apesar de a maioria das pessoas acreditar nisso, as pesquisas não comprovam.

O que os estudos científicos confirmam é que aqueles que cultivam suas amizades são especialmente felizes. E as pessoas religiosas, de qualquer credo, são mais felizes e menos suscetíveis à depressão. Embora seja reconfortante acreditar na vida após a morte e num Deus que nos ame e proteja, a meu ver o que mais contribui para a felicidade do religioso é a prática de valores morais mais virtuosos.

A felicidade não é resultado do somatório de nossos prazeres cotidianos nem uma dádiva divina; como o orgasmo, ela é uma resposta biológica para atos de preservação da espécie humana. E, assim como o orgasmo pode ser obtido através do sexo, a felicidade pode ser conseguida através do exercício do amor e das virtudes.

Querida leitora ou leitor, gostei de você. Você poderia ter escolhido uma obra que prometesse facilidades, mas resolveu enfrentar um livro que começa anunciando que *Dá trabalho ser feliz, mas vale a pena*, depois recomenda temperança para conter desejos e, por fim, indica o caminho árduo das virtudes. Imagino que seja uma pessoa corajosa, caso contrário não teria me acompanhado até aqui, enfrentando a crueza das verdades evolucionistas. Bem, estou adorando sua atenção, mas não quero abusar. Acho que chegou a hora de a gente se despedir. Faço votos de que ame bastante, consiga exercitar suas virtudes e seja muito feliz.

Depoimento

Encerro com um relato que começa há mais de 30 anos e parece a história da *Gata Borralheira* (ou *Cinderela*). Porém, a busca da felicidade é feita apenas com esforço próprio, virtudes e amor; não existem fadas ou soluções sobrenaturais.

Gata Borralheira

Helena, nossa Cinderela, nasceu rica, sentia-se pobre e queria encontrar um "príncipe encantado". Encontrou-o, mas não viveram felizes para sempre.

> Meus pais são pessoas educadas e cultas, de famílias tradicionais. Papai é muito trabalhador e sempre nos deu conforto e bem-estar, mas talvez por ele ser uma pessoa austera, avessa à ostentação, cresci com a impressão de ser mais pobre do que a maioria das minhas amigas. Impressão que deve ter sido reforçada por um incidente ocorrido numa festa junina do colégio.
> Certa vez, para improvisar mais facilmente a fantasia, mamãe resolveu me vestir de homem. Aplicou remendos numa calça jeans, prendeu meu cabelo debaixo de um chapéu de palha e, com rolha queimada, pintou bigode e costeletas no meu rosto. Fui para a festa contrariada, mas ao chegar lá o ambiente estava tão agradável que logo me esqueci de como estava vestida. Quando chegou

o momento de dançar a quadrilha, a professora orientou para que formássemos duas filas, uma em frente da outra, intercalando meninos e meninas. Após tomar meu lugar, comecei a ouvi-la repreender alguém. Repetia no alto-falante, cada vez com menos paciência: "Menino! Preste atenção: é um menino, uma menina." Eu estava distraída admirando os vestidos das minhas amigas e custei a perceber que era comigo que ela estava falando. Então, de bigode e costeletas, chorei baixinho: "Mas eu sou menina."

Todos os filhos freqüentaram os mesmos colégios tradicionais onde meus pais estudaram – os meninos em um, as meninas em outro. O nosso era muito elitista, valorizava as alunas pela importância de seus sobrenomes e a riqueza de suas famílias.

O pai de uma das minhas melhores amigas jogava golfe. Eu freqüentava o clube com ela e percebia que era um reduto de pessoas valorizadas. Pois foi lá que conheci um belo rapaz, me apaixonei, e, para minha surpresa, ele topou me namorar. Uau! Encontrei meu príncipe encantado!

É perfeitamente compreensível que Helena tenha se encantado por esse rapaz. A "nobreza" (a posição social alta e consolidada) é um dos grandes atrativos masculinos.

Minha família ficou maravilhada com a conquista. Embora orgulhosa, eu sentia uma incômoda sensação de que ele era "muita areia para o meu caminhãozinho". Aos meus olhos juvenis parecia um príncipe: bonito, rico, bem-nascido, jogava golfe e tinha até "carruagem": um lindo automóvel conversível.

O namoro durou seis anos, com nossos hormônios adolescentes a mil. Quando finalmente me entreguei a ele, fui menosprezada e rapidamente trocada por outra, talvez mais recatada. Um duro golpe na minha auto-estima.

É normal o amor acabar nos relacionamentos longos e sem filhos.

Note que em nenhum momento Helena diz que ainda amava o namorado. Sem amor, restou à natureza do rapaz apenas o desejo de sexo sem compromisso, o que era inaceitável para nossa Cinderela.

> Esse "fora" veio completar uma guinada para a simplicidade, que começara alguns anos antes quando resolvi mudar de colégio para sair daquele ambiente pretensioso. Não foi fácil. Minha mãe tinha grande admiração pela instituição onde havia estudado e não admitia que eu saísse de lá. Precisei ser criativa. Como na época as carreiras de base matemática requeriam um ensino médio especializado, inventei uma súbita vocação pelos números para conseguir ser transferida para um colégio mais descontraído.

Optar por uma carreira matemática apenas para se livrar de um ambiente escolar pretensioso! Será que vai valer a pena?

> Eu já estava na faculdade de Matemática quando meu namoro acabou. Percebendo que sem aquele "casamentão" meu futuro tinha se tornado incerto, minha mãe me incentivou a fazer uma especialização em Informática, carreira em que a filha de uma conhecida ganhava "rios de dinheiro".
> Minha mãe é realmente iluminada! Fiz a tal especialização e arranjei um estágio que se transformou em emprego. Era o que eu precisava. O trabalho me divertia, voltei a me sentir bonita, inteligente e capaz.

Valeu! A matemática abriu as portas da informática para Helena. Ela arrumou um bom emprego, readquiriu sua auto-estima e...

> Um belo dia, ao chegar ao trabalho, me deparei com um novo colega sentado na mesa ao lado. Um rapaz alto, bonito, figura agradável e interessante. Depois percebi que era danado de inteligente, charmoso, carinhoso, tímido e atencioso. Bravo se lhe faltassem com o respeito, tinha um sorriso lindo e falava com um sotaque

caipira, gostosinho. Que graça, aquele cara! Era bom conversar com ele, sair para almoçar e tirar dúvidas de trabalho, que eu estudava previamente para entender tudo rapidinho e impressioná-lo. Estava orgulhosa por descobri-lo sozinha, sem a apresentação de parentes ou amigos. Só tinha um problema: ele não se encaixava no perfil que sempre desejei. Não era rico nem vinha de uma família tradicional. Eu sabia que, no meu meio, apenas quem namorava filhos de famílias importantes, como faziam minhas amigas, era valorizado. "Você está namorando quem?" era uma pergunta que exigia um sobrenome conhecido.

Helena pertencia a uma família tradicional e tinha descoberto um rapaz com muitas qualidades, mas sem "nobreza".

Confiando na minha intuição, fiz um teste: convidei-o para a comemoração do meu aniversário lá em casa. Foi um jantar à francesa, cerimonioso, todos sentados à mesa grande. Ele ficou ao lado do meu pai e conversaram bastante. No dia seguinte, papai quis saber quem era e comentou: "Gostei do rapaz." Essas poucas palavras, de quem tanto amo e respeito, convenceram-me a aceitar o que meu coração pedia.

E aí, pronto: namoramos, casamos e estamos juntos há quase 30 anos. Ele fica bravo se eu me desvalorizo. Minha família é linda e estou muito feliz. Mas não se iludam, enfrentei dificuldades comigo mesma por ter feito uma opção diferente do que era esperado de mim. Muitas vezes me surpreendi idealizando casais "nascidos um para o outro" como nos romances.

Uma vez, Joaquim me disse que éramos como aqueles casais de insetos ínfimos que se encontram milagrosamente, apesar da imensidão do planeta. Concordo, somos um par improvável unido pelo amor e pela vontade de acertar.

E assim termina a história de uma mulher corajosa que ousou apostar na simplicidade.

Agradecimentos

Escrevi este livro com dois consultores informais permanentes, minha mulher Clô e meu irmão Aníbal Azevedo Filho. Confiante no amor deles, abusei, pedi incontáveis ajudas e fui sempre brindado com belas sugestões e críticas às vezes severas.

Meu grande amigo Dr. Francisco Daudt, renomado psicanalista e escritor, leu o texto em desenvolvimento e me encorajou a prosseguir: "...conceitos sintéticos, diretos, claros... E com um conteúdo preciso, ainda que simplificado."

Várias outras pessoas colaboraram com preciosas sugestões ou dando depoimentos: Aníbal Azevedo, Lygia Veiga, Marianna Nascimento, Andréa Biondo, Beth Gurjão, Baby Bittencourt, José Lyra, Ana Maria Henriques, Diana Mandelert, Paulo Delegá, Osvaldo Kussama, Danilo Correa, as irmãs Teresa e Helena Quadros, o escritor Luiz Antônio Aguiar e o revisor Flávio Dotti Cesa.

É com grande satisfação que divido os méritos que este livro possa ter com todos que me ajudaram. Já as imperfeições são de minha inteira responsabilidade, pois sempre fui soberano na hora de acatar as críticas recebidas.

Agradeço, sobretudo, àqueles que deram depoimentos, a minha editora e a você, leitor.

Bibliografia

Sugestões de leitura complementar:

COMTE-SPONVILLE, André. *Pequeno tratado das grandes virtudes*. São Paulo: Martins Fontes, 1995.

DAMÁSIO, António. *Em busca de Espinosa: prazer e dor na ciência dos sentimentos*. São Paulo: Companhia das Letras, 2004.

DAWKINS, Richard. *O capelão do diabo*. São Paulo: Companhia das Letras, 2005.

DIAMOND, Jared. *Por que o sexo é divertido? – A evolução da sexualidade humana*. Rio de Janeiro: Rocco, 1999.

GIANNETTI, Eduardo. *Auto-engano*. São Paulo: Companhia das Letras, 1997.

_____. *Felicidade: diálogos sobre o bem-estar na civilização*. São Paulo: Companhia das Letras, 2002.

PHELAN, Jerry & Jay. *A culpa é da genética – Do sexo ao dinheiro, passando pela comida: dominando nossos instintos primitivos*. Rio de Janeiro: Sextante, 2002.

PINKER, Steven. *Tábula Rasa: a negociação contemporânea da natureza humana*. São Paulo: Companhia das Letras, 2004.

RIDLEY, Matt. *As origens da virtude – Um estudo biológico da solidariedade*. Rio de Janeiro: Record, 2000.

SELIGMAN, Martin E. P. *Felicidade autêntica: usando a nova psicologia positiva para a realização permanente*. Rio de Janeiro: Objetiva, 2004.

WRIGHT, Robert. *O animal moral. Por que somos como somos: a nova ciência da psicologia evolucionista*. Rio de Janeiro: Campus, 1996.